Adages et maximes du droit français

Jean Hilaire

2013

© Éditions Dalloz, 2013
ISBN 978-2-247-11992-9

Introduction

Les adages et maximes retenus dans cet ouvrage en forme de lexique, d'une grande ancienneté pour la plupart, énoncent des principes juridiques dans une expression ramassée, en quelque sorte comme des proverbes, de manière à en faciliter à la fois la mémoire et, dans la pratique, l'invocation utile devant une juridiction. Le but de ces adages était ainsi d'exprimer des principes généraux ou particuliers du droit par des formules les plus simples et les plus susceptibles de frapper les esprits. Ce mode d'expression était si répandu, il y avait tellement d'adages, que tous d'ailleurs n'avaient pas nécessairement un contenu juridique et que les historiens peuvent en retrouver par centaines.

Du point de vue juridique les adages qui paraissent les plus importants aujourd'hui par leur contenu plongent leurs racines loin dans le temps. Ils viennent d'abord en grand nombre des textes du droit romain surtout réunis dans les compilations de l'Empereur Justinien (VIe siècle ap. J.C.). Sur cette première strate, à partir de la résurgence des sources romaines en Italie puis en France aux XIIe et XIIIe siècles se sont ajoutés d'autres adages venant de l'œuvre de commentateurs à la fois du droit romain et du droit de l'Église, le droit canonique. Or l'importance des deux droits et leurs affinités ont développé l'attrait pour les adages bien au-delà du Moyen Âge, depuis la Renaissance du XVIe siècle jusqu'au XIXe où des auteurs utilisaient encore facilement la langue latine pour dégager des principes ainsi exprimés sous forme d'adages. Enfin un troisième groupe s'est également formé à partir de notre ancien droit coutumier, adages en quelque sorte forgés à partir de textes de coutumes dont certains inspirés directement par les articles de la coutume de Paris. Ainsi le recueil composé au début du XVIIe siècle par l'avocat Antoine Loysel* qui fut élève de Cujas, les *Institutes coutumières ou Manuel de plusieurs et diverses règles, sentences et proverbes tant anciens que*

Introduction

modernes du droit coutumier et plus ordinaire de la France, comprenait plus de neuf cent formules.

Le premier intérêt de rappeler ces sources juridiques est alors de faire apparaître en partie le substrat le plus ancien du droit positif actuel puisque l'on rencontre là sous cette forme particulière une partie du considérable héritage juridique romain qui a marqué en même temps le droit canonique, au point qu'au Moyen Âge les deux droits étaient étudiés conjointement. Or ces deux apports restent un élément fondamental de la civilisation européenne actuelle : une place particulière et essentielle y revient en effet aux adages inspirés d'abord par la pensée antique très influencée par la philosophie grecque et aussi à ceux marqués particulièrement au Moyen Âge par la pensée chrétienne. Car si les romains sont les inventeurs du droit tel que nous le concevons encore, les jurisconsultes de l'Antiquité dont l'œuvre s'étend sur des siècles soulignaient déjà la mission du droit en tant que protecteur de la société et la nécessaire moralisation de la vie juridique à travers les comportements individuels.

Par-là ces adages gardent toujours un sens, peuvent même encore avoir une portée très générale ; il y a ainsi un caractère quasiment intemporel de nombre d'entre eux bien que les conditions de vie soient devenues si différentes. Même lorsque, de ce fait, la portée de tels adages se trouve restreinte en droit positif par les nombreux aménagements ajoutés au principe dans un droit qui est d'ailleurs lui-même en pleine évolution et croissante expansion, il reste que nombreux sont encore ceux qui n'ont pas perdu toute signification. Déjà le simple bon sens et surtout la sagesse populaire tirée de l'expérience, en somme l'éternel humain, sur lesquels était fondée la formulation lapidaire des adages n'en demeurent pas moins significatifs et en confirment toujours l'utilité.

Il faut aussi insister sur le fait que la plupart de ces adages ont un caractère pratique, ce qui était la raison profonde de leur apparition. Le droit civil y a une grande place à côté du droit public et du droit pénal. Plus particulièrement une brève analyse des matières concernées et des principes présentés sous cette forme amène à

Introduction

souligner la grande importance de la place de la procédure. Dans ce cadre en effet apparaît le problème du temps, problème capital en droit c'est-à-dire pour la fixation des limites temporelles indispensables à la mise en application des règles juridiques de même que celui de l'équilibre à respecter entre les intérêts des parties en présence dans les affaires judiciaires. De même, le sens des adages n'est pas cloisonné selon les différentes branches du droit telles qu'on les comprend aujourd'hui parce que leur origine est fort ancienne. Si de nombreux adages ont un sens très général, le système juridique ayant beaucoup évolué, en particulier l'apparition de juridictions relativement nouvelles et très spécialisées a suscité l'accroissement de règles particulières en fonction des intérêts traités. Cela explique que, si leur portée paraît souvent plus restreinte aujourd'hui qu'elle a été, bien des adages n'en sont pourtant pas totalement dépourvus encore à notre époque.

Pour toutes ces raisons, le recueil présenté ici ne pouvait être que le résultat d'un choix mais qui répond à deux préoccupations qui malgré tout ne sont pas inconciliables. Il était en effet nécessaire de ne retenir dans cette masse d'adages que ceux d'entre eux qui paraissaient encore utiles d'abord pour la formation des futurs juristes, d'un point de vue à la fois philosophique sur le sens profond du droit et technique, mais également pour la vie pratique. Car si l'expression ancienne et coutumière de ces principes peut encore être citée et sa validité admise en justice, il est fréquent aussi qu'ils n'aient plus la même portée aujourd'hui, voire que le sens s'en soit quelque peu modifié tandis que l'expression latine ou de vieille langue française qu'il faut bien entendu conserver peut poser problème. Il devenait donc nécessaire, mais en quelques lignes seulement, d'éclairer le sens originel de l'adage et son rapport avec la vie juridique actuelle.

C'est pourquoi ce livre a été conçu comme un lexique permettant de situer rapidement et de comprendre un adage. D'abord la citation avec une traduction pour les adages en latin ne saurait cependant rester en quelque sorte à l'état brut : pour les étudiants particulièrement, puisque la citation a au premier chef un but

Introduction

pédagogique, a été ajouté à propos de chaque adage le bref commentaire qui s'imposait. Ensuite pour la commodité du lecteur il est apparu impératif de respecter l'ordre de présentation le plus simple pour la recherche, c'est-à-dire l'ordre alphabétique à partir du premier mot de la citation. Dès lors des adages ayant trait à la même matière, reprenant la même idée exprimée sous des formes différentes, positive ou négative par exemple, peuvent donc se trouver éventuellement éloignés les uns des autres dans le lexique du fait de l'ordre alphabétique, ce qui a nécessité des renvois systématiques de l'un à l'autre pour faciliter la consultation. De même encore est-il indispensable de suggérer des rapprochements entre adages concernant une même matière et de renvoyer à une autre lecture pour compléter l'information.

Car, si le but de ce lexique est de permettre d'identifier rapidement des adages, dans l'expression latine tout particulièrement, l'auteur espère aussi piquer la curiosité de ceux qui poursuivent des études de droit et qui pourraient en approfondissant de cette manière leurs connaissances découvrir de nouveaux horizons. Pour avancer ainsi ils pourraient se reporter aux ouvrages cités ci-dessous qui vont très au-delà des définitions et font des liaisons détaillées avec l'état du droit contemporain. En fait, c'est toute l'évolution du droit, sa nature, qui apparaissent en même temps à travers l'histoire des adages et les limites présentes de leur application.

Introduction

Bibliographie

Pour une excellente réflexion générale sur la matière et son intérêt actuel : G. Cornu, « Adages et brocards », in *Dictionnaire de la culture juridique* (dir. D. Alland et S. Rials), PUF, 2003. Voir aussi, André Laingui, « L'adage, vestige de la poésie du droit », in *Langage et droit à travers l'histoire, Réalités et fictions*, éd. G. van Dievoet, Ph. Godding, D. van den Auweele, Leuven-Paris, 1989, p. 107-120.

Sur le contenu des adages, leur histoire et leur place dans le droit positif actuel, l'ouvrage classique et fondamental en la matière, qui est un très gros recueil d'adages : Henri Rolland et Laurent Boyer, *Adages du droit français*, Litec, 1999.

En matière pénale particulièrement : Jean-Marie Carbasse, *Histoire du droit pénal et de la justice criminelle*, PUF, coll. « Droit fondamental », 2000.

En matière civile, des adages sont souvent cités également dans l'ouvrage de Jean-Philippe Lévy et André Castaldo, *Histoire du droit civil*, Dalloz, coll. « Précis », 2002.

Notice

La présentation de l'ouvrage réclame quelques indications typographiques, mais aussi quelques définitions concernant les sources des adages, des précisions pour situer à la fois les auteurs et jurisconsultes cités de même que les sources romaines d'où ont été tirés nombre d'adages.

I. Indications typographiques

On trouvera :
1) entre crochets : la traduction des adages exprimés en latin ;
2) entre parenthèses : des adjonctions destinées à faciliter la compréhension des formules, par exemple de vieux français ;
3) l'indication éventuelle à la fin du commentaire d'un adage d'un renvoi qui appelle l'attention soit sur le fait que le sens de l'adage est explicité à partir d'un autre adage qui reprend la même idée sous une

autre expression (V. pour voir), soit sur l'intérêt de relier l'adage à un autre qui apporte un important complément pour en considérer le sens et l'étendue (Rappr. pour rapprocher).

Enfin l'astérisque(*) qui accompagne les noms de jurisconsultes ou auteurs cités indique que quelques renseignements à leur propos, notamment pour les situer dans le temps, sont donnés ci-dessous.

Abréviations

C. civ. : Code civil
C. pr. civ. : Code de procédure civile
C.J. : Code de Justinien
D. : Digeste de Justinien
Inst. J. : Institutes de Justinien

II. Les sources romaines

Institutes : ouvrages élémentaires de droit destinés à l'enseignement ; les matières y sont exposées selon un plan logique. Le plus célèbre ouvrage de ce genre est celui de Gaius.

Code : le terme *Codex* désignait initialement des feuilles ou tablettes réunies en un ensemble comportant des comptes, ou des textes (par exemple un testament). Sous l'Empire le nom de Code a été donné à des recueils de textes législatifs, constitutions impériales, vers la fin du IIIe siècle ap. J.C. Plus tard, aux Ve et VIe siècles, les plus importants sont le Code de Théodose (promulgué en 438) et ceux de l'Empereur Justinien (promulgués en 529 et 534).

Digesta ou ***Pandectae*** : recueil d'extraits des œuvres de jurisconsultes.

Les compilations de Justinien : en partie dans la perspective d'une reconquête de l'Empire romain d'Occident (de civilisation latine), l'Empereur Justinien de l'Empire romain d'Orient (de civilisation grecque) a fait rédiger au début du VIe siècle une vaste compilation de droit romain qui a comporté trois éléments : un *Code* de constitutions impériales, des *Institutes* ce que l'évolution du droit avait rendu nécessaire, et des *Digesta* considérable recueil d'extraits d'œuvres de jurisconsultes réunis par une commission de onze avocats et quatre professeurs.

Les Jurisconsultes romains

Celse (Celsus), (seconde moitié du IIe siècle ap. J.C.), a fait partie du Conseil de l'Empereur.

Gaius, (second siècle ap. J.C.) : auteur d'*Institutes*, manuel élémentaire destiné à l'enseignement, dont le manuscrit a été découvert au début du XIXe siècle dans la bibliothèque du Chapitre de Vérone ; exposé d'un style clair et précis du droit romain de l'époque classique (milieu du IIe siècle ap. J.C.).

Paul et **Ulpien**, (début du IIIe siècle ap. J.C.) tous les deux préfets du prétoire ; auteurs d'ouvrages essentiellement de droit privé, de droit pénal et de procédure, reprenant les travaux de leurs prédécesseurs. Les œuvres de ces Jurisconsultes de grande réputation ont été très largement utilisées dans les compilations de l'Empereur Justinien.

III. Les juristes, du Moyen Âge au XVIIIe siècle

Beaumanoir (Philippe de), l'un des plus célèbres jurisconsultes des pays coutumiers, bailli de Clermont en Beauvaisis et auteur des *Coutumes de Beauvaisis* (1283); esprit éminent et remarquable juriste.

Grotius, (1583-1645) jurisconsulte hollandais célèbre par son œuvre théorique sur le droit naturel; auteur d'un traité *Du droit de la guerre et de la paix* et d'un ouvrage à l'origine du droit maritime *Mare liberum*.

Loysel (1536-1617), auteur d'un recueil d'adages, voir l'Introduction.

Pothier (1699-1772), magistrat et professeur à l'Université d'Orléans, commentateur de la coutume de la même ville; auteur de nombreux traités didactiques de droit civil et d'un traité méthodique du Digeste. Ces œuvres, très renommées, ont eu une grande importance dans la préparation de la codification du droit civil au début du XIXe siècle.

A

À cheval donné on ne regarde pas les dents

Cette maxime de langage courant ayant aussi un contenu juridique marque bien la différence entre vente et donation : le vendeur (acte à titre onéreux) est tenu de garantir contre les vices cachés tandis que le donateur (acte à titre gratuit) ne l'est pas. En revanche la portée de la maxime demeure limitée au cas de vice caché ; car le donataire n'est pas privé de tout autre recours pour des causes différentes, par exemple contre la mauvaise foi du donateur (telle que de donner sciemment un immeuble dont il n'est pas propriétaire).

▶ V. *Donner et retenir ne vaut*

À l'impossible nul n'est tenu

Cet adage posé en droit romain (D. 50, 17,185), explicité dans le Code civil (art. 1148) ne peut avoir de portée juridique que dans la mesure où sont définies la nature et l'étendue de l'obstacle rencontré, à commencer par l'impossibilité matérielle elle-même. La jurisprudence a étendu le champ d'application jusqu'à prendre en compte l'impossibilité morale.

Accessorium cedit principale (1)
Accessorium sequitur principale (2)

[1] L'accessoire dépend de l'élément principal auquel il est lié. 2) L'accessoire suit la condition juridique du principal]

Au sens large le principe de l'accessoire vient du droit romain (D. 34,2,19,13) ; son application a été développée au XVIIIe siècle avec la théorie de l'accession. Il reste très vivant dans le droit actuel et son aire d'application est très vaste à travers les différentes branches du droit (civil, commercial, public ou pénal).

▶ V. *Fructus augent hereditatem ;*
Major pars trahit ad se minorem

Actioni non natae non praescribitur

[Une action ne peut être prescrite avant d'être juridiquement possible]

La prescription, acquisitive ou extinctive d'un droit, est au cœur des problèmes du temps que pose la matière juridique. Le point de départ du délai de prescription en est un dont dépend l'équité du système et qui est donc d'un grand intérêt pratique, qu'il s'agisse de droit civil (art. 2257) ou de droit pénal par exemple, et autant de droit public.

▶ V. *Contra non valentem agere non currit praescriptio*

Actor sequitur forum rei

[Le demandeur doit introduire son action devant le tribunal dont relève le défendeur]

Ce principe d'origine romaine (C.J. 3, 19,3) gouverne actuellement de manière générale l'ordre judiciaire privé ; il apportait une réponse simple et fondée sur une présomption favorable au défendeur, pour la détermination de la compétence juridictionnelle. Mais l'évolution de la civilisation et l'extension des relations juridiques ainsi que l'augmentation et la diversification des juridictions, ont contraint à une nécessaire adaptation essentiellement pour des raisons pratiques en multipliant les règles dérogatoires. De plus le droit public comme le droit pénal obéissent à d'autres principes de compétence juridictionnelle.

Actore non probante reus absolvitur (C.J. 4,19,3)

[En n'apportant pas sa preuve le demandeur libère le défendeur]

Actori incumbit probatio (D, 22,3,21)

[Le demandeur a la charge de la preuve]

Les deux adages de droit romain, d'une portée pratique considérable, sont complémentaires. En droit civil l'auteur de l'action en justice remet en cause une situation acquise, il doit donc apporter la preuve de sa prétention, d'autant plus que, en fait, rapporter la preuve est considéré à juste titre comme une « charge », un « fardeau ». En droit pénal la présomption d'innocence confère à l'application du principe sur la charge de la preuve une rigueur particulière. Si le second adage énonce une conséquence logique du premier il peut éventuellement devenir trop rigoureux dans certains cas où le demandeur s'est trouvé dans l'impossibilité de rapporter la preuve qui lui incombe.

▶ V. *Doute (Le) profite à l'accusé* ;
Reus in excipiendo fit actor

Actus interpretandus est potius ut valeat quam ut pereat

[L'acte doit être interprété plutôt pour le faire valoir que pour le réduire à néant]

Ce principe d'interprétation des actes présentant une rédaction ambiguë remonte au droit romain à propos des *stipulations* (D, 45,1,80) : il est fondé sur une présomption quant au caractère raisonnable de l'accord des volontés traduit dans l'acte. Son aire d'application reste très large et l'adage prend une particulière importance en matière de libéralités.

▶ V. *In conventionibus contrahentium voluntas potius quam verba spectari placuit*

Aestimatio venditio est
▶ V. *Estimation vaut vente*

Affirmer n'est pas prouver

L'exigence de la preuve de l'affirmation (reprise par le C. pr. civ., art. 9), pour rationnelle qu'elle soit, n'est cependant pas absolue ; car elle peut être contrariée dans d'assez nombreux cas où est reconnue à l'affirmation valeur probante par elle-même, à commencer par l'aveu ou l'affirmation sous serment.

Aliéné n'aliène

La protection de l'individu aux facultés mentales défaillantes, en fait protection contre lui-même, a reçu des solutions diverses depuis l'Antiquité romaine où déjà l'incapacité juridique avait été réduite aux périodes de crise (C.J. 70, 6,1). Depuis le XIXe siècle et au milieu du XXe, le système d'incapacité a évolué et a été modulé en fonction de l'état mental de la personne. Il reste ainsi que l'adage « *aliéné n'aliène* » correspond à la situation du majeur en curatelle qui ne peut faire d'acte d'aliénation sans être assisté.

Aliments n'arréragent pas

Les aliments fondés sur le besoin impératif du bénéficiaire sont dus par avance et non à l'échéance (*arrérage*, d'ancienne langue, venant de *arrière*) ; l'absence de réclamation de la part du bénéficiaire à l'échéance, signe d'absence de besoin, efface alors la dette. Mais législation et jurisprudence atténuent la rigueur de cet adage en l'écartant dans certaines hypothèses.

Alteri stipulari nemo potest

[Personne ne peut stipuler pour autrui]

▶ V. *Nemo alteri stipulari potest*

Année commencée, année acquise

L'application des principes juridiques réclame des limites temporelles précises avec toutefois des problèmes d'équité : l'ancien droit hésitait comme point de départ entre année commencée et année révolue en fonction de l'avantage pour l'intéressé. Le droit actuel en général attaché au principe de l'année écoulée est plus précis. L'adage garde cependant un important champ d'application avec le principe de la tacite reconduction.

Annus incoeptus habetur pro completo

[L'année entamée doit être tenue pour écoulée]

▶ V. *Année commencée, année acquise*

Arrêt lu à l'audience appartient au public

Le juge met le point final à l'affaire jugée par lui en lisant publiquement sa décision ; de ce fait il est immédiatement dessaisi. L'adage, d'ancien droit, répond à la nécessité de publicité de l'activité judiciaire quant à la décision. Il est repris de manière générale : en matière civile contentieuse (C. pr. civ., art. 451), sauf quelques exceptions en matière pénale et administrative.

▶ V. *Lata sententia judex desinit esse judex*

Auctor regit actum

[L'auteur de l'acte en a la maîtrise]

Adage de droit international privé apparu vraisemblablement avec la fréquence des voyages au cours du XIXe siècle et posant le principe que la forme et la portée des actes publics non judiciaires (par exemple actes d'état civil, actes notariés) sont déterminées par l'autorité régulièrement investie pour les dresser. Il répond à la question de conflits d'autorités au regard de la compétence internationale.

▶ V. *Locus regit actum*

Audi alteram partem
Audiatur et altera pars

[Même sens de chacune de ces deux formulations : *Le juge doit entendre l'autre partie*]

Le devoir d'impartialité du juge dans sa décision l'oblige à appeler et entendre préalablement chaque partie, aboutissant ainsi au principe du débat contradictoire dans le déroulement de la procédure (droits de la défense). L'adage, exprimé au XIXe siècle et fondé sur le principe que nul ne peut être condamné sans avoir été entendu, étend dans le droit contemporain son autorité à toutes les procédures.

Autant vaut une simple promesse ou convenance que les stipulations du droit romain

Dans le système romain initial, l'accord des volontés devait s'insérer dans un formalisme rigoureux, celui de la *stipulatio*, pour que la convention ait une valeur juridique. À partir du milieu du Moyen Âge on a commencé à entrevoir un principe opposé, celui du consensualisme, selon lequel l'accord des volontés à lui seul suffit à donner force juridique à la convention, d'où au XVIIIe siècle l'expression de cet adage repris par Loysel posant clairement le principe du consensualisme par opposition à la vieille tradition romaine. Les avantages du consensualisme libérant la force de la volonté du formalisme ou permettant la représentation, sont bien connus. Pour autant les conditions matérielles de la vie moderne ont fait ressurgir une part de formalisme protecteur malgré la généralité du consensualisme de principe.

▶ (De même signification : *On lie les bœufs par les cornes et les hommes par les paroles*)

Aux arrêts point d'arrêt

[C'est-à-dire : aux arrêts point d'arrêt (dans l'exécution)]

Cet adage coutumier, XVIIe siècle, vise les décisions rendues en matière civile en appel (arrêts) par opposition à celles rendues en première instance (jugements) et n'en concerne seulement que l'exécution dans la mesure où elles ne sont pas affectées d'un effet suspensif. En principe n'a pas non plus d'effet suspensif le pourvoi en cassation à l'encontre des arrêts des cours administratives d'appel. En revanche l'adage ne saurait s'appliquer au pénal où l'effet suspensif est de principe avec cependant quelques tempéraments.

Avocat (L') a la voix, le procureur la plume

Adage de l'ancien droit distinguant les rôles respectifs des auxiliaires de justice assistant les parties au procès (le procureur postule [actes de procédure], l'avocat plaide), avec son prolongement dans le ministère public (procureur et avocat du roi). À la fin du XXe siècle la séparation de la plume et de la parole s'est effacée à travers l'unification des rôles d'assistance aux parties dans l'unique profession d'avocat. De même dans le ministère public le principe d'indivisibilité dans l'exercice des compétences qui lui sont reconnues s'applique à l'ensemble des membres du Parquet.

▶ V. *Nul en France ne plaide par procureur hormis le roi ;*
Plume (La) est serve mais la parole est libre ;
Qui représente assiste

B

Bis de eadem re ne sit actio

[Il ne peut y avoir qu'une seule action pour une même affaire]

Ce principe dans l'ancien droit romain créait une garantie pour les justiciables puisque l'action une fois introduite en justice le droit d'agir pour la même cause était éteint. Dans le système juridique actuel au contraire le principe de cette garantie n'est plus fondé sur l'introduction d'une action en justice mais sur l'autorité de la chose jugée. Dès lors l'exception de chose jugée ne peut être opposée que dans des conditions strictes d'identité de personnes, d'objet et de cause (C. civ., art. 1351).

▶ V. *Non bis in idem [crimen]*

Bona non intelleguntur nisi deducto aere alieno

[Les biens (c'est-à-dire le patrimoine) ne s'entendent que déduction faite des dettes]

L'application de ce principe venu du droit romain (D. 50,16,39,1) est commandée par la conception classique du droit français de l'unité du patrimoine en tant qu'universalité juridique attachée à la personne. Pour autant l'évolution actuelle tend à distinguer à l'intérieur du patrimoine certaines masses distinctes de biens obéissant à des règles particulières, en matière commerciale par exemple.

Bonne foi (La) est toujours présumée

Prise à la lettre cette présomption de la bonne foi, venue de l'ancien droit et reprise par le Code civil (art. 2268) en matière de prescription, bien que raisonnable de prime abord ne saurait cependant être retenue comme un adage de portée universelle sans considération de l'aspect moral à travers l'élément intentionnel qui peut se révéler contestable, d'où les multiples tempéraments apportés tant en législation qu'en jurisprudence.

▶ V. *Fraus omnia corrumpit ;*
Malitiis non est indulgendum

C

Carcer ad continendos homines non ad puniendos haberi debet

[La prison doit être considérée comme un moyen de contenir les hommes, non de les punir]

En rappelant que la prison n'avait pas alors d'autre but que d'assurer la présence du prévenu au moment du jugement ou de l'exécution, comme ce fut encore le cas au Moyen Âge, cet adage de droit romain (D. 48,19,8,9) posait un problème qui demeure toujours un objet de réflexion : à la fois sur le sens de la punition (pourquoi punir ?) et sur la nature et les modalités de la peine (tout spécialement sur les conséquences des conditions matérielles et morales de la détention).

Cessante causa cessat effectus

[La cause disparaissant il n'y a plus d'effet]

La liaison entre les deux phénomènes, la cause et l'effet, qui explique cet adage a une portée universelle en matière juridique quelle que soit d'ailleurs la nature de la cause considérée ici, cause *efficiente* qui crée le lien ou cause *finale* qui en donne la raison d'être.

Cessante ratione legis, cessat ejus dispositio

[La disparition de la raison d'être de la loi entraîne celle de la loi elle-même]

Ce mode de pensée à propos de l'interprétation et de la désuétude de la source de droit était particulièrement adapté au temps où la coutume fondée sur l'usage était une source essentielle du système juridique, c'est-à-dire jusqu'à la codification napoléonienne. Mais depuis l'instauration d'un système légaliste au début du XIXe siècle l'application de l'adage qui pose le problème de l'abrogation par désuétude à la loi, dès lors source dominante, n'est pas acceptée

Civil (Le) tient le criminel en état

▶ V. *Le criminel tient le civil en état*

Coacta voluntas est voluntas
Coacta voluntas tamen voluntas

[La volonté même contrainte reste la volonté]

Lorsque le droit romain (D. 4,2,21,5) prit en compte la contrainte morale sur la volonté ce fut en tant que délit de la part de l'auteur de la violence. Notre droit contemporain suivant la gravité de la violence exercée, appréciée *in abstracto* ou *in concreto*, traite la contrainte soit en tant que délit, soit en tant que vice du consentement du contractant.

Cogitationis poenam nemo patitur

[La seule pensée criminelle ne peut entraîner une peine]

Venant du droit romain (D. 48,19,18) cet adage affirme que sans élément matériel complémentaire, c'est-à-dire un acte, la seule pensée ne peut être réprimée. Dans notre ancien droit cependant entraient dans le cadre répressif, même en l'absence d'acte répréhensible, certains états considérés comme dangereux pour la société, telle la mendicité d'où l'enfermement dans un hôpital. Sans remettre en cause le principe fondamental romain, le droit contemporain suit parfois l'orientation de l'ancien droit en construisant un régime préventif extra-pénal à l'égard d'actes ou d'états susceptibles de mener à l'infraction.

▶ V. *Expressa nocent non expressa non nocent*

Compétent (Le) attire l'incompétent

Si le système procédural a pour but de créer des garanties pour les justiciables, les règles de compétence en sont un des piliers. Mais derrière cet adage apparaît aussi toute la difficulté de trouver un équilibre dans l'application des principes généraux entre la nécessaire délimitation des compétences des juridictions et la non moins nécessaire utilité de préserver l'unité du litige en évitant la dispersion des actes de procédure.

Confessio dividi non debet

[L'aveu ne peut être divisé]

D'après Pothier* l'aveu intervenu en justice fait preuve à l'encontre de celui qui a avoué ; il doit être retenu par le juge dans sa totalité (C. civ., art. 1356). Toutefois en cas de complexité de l'aveu par adjonction d'une déclaration accessoire d'un fait étranger au fait principal, l'aveu n'est retenu qu'en ce qui concerne ce dernier. En revanche, en matière répressive l'indivisibilité de l'aveu est incompatible avec le principe de l'intime conviction.

▶ Rappr. *Nemo contra se edere tenetur*

Confirmatio nihil dat novi

[La confirmation n'ajoute rien de nouveau]

Plus précisément la confirmation d'un acte permet d'en écarter les défauts qui pourraient en paralyser l'application. Elle le fait accéder à la complète efficience qui peut être la sienne. Mais la confirmation ne saurait rien ajouter au contenu primitif de l'acte.

Consensus non concubitus facit nuptias

[Le mariage résulte du consentement et non de la cohabitation]

Le mariage en tant qu'union de l'homme et de la femme plonge ses racines dans le droit romain (D. 35,1,15) puis dans le droit canonique ; ce dernier faisait reposer l'union conjugale sur le seul échange initial des consentements entre les époux, d'où le contrat lié au sacrement. Le droit actuel, depuis la Révolution instaurant le mariage civil, reste fondé par principe sur l'engagement initial mais qui est recueilli par l'officier d'état civil isolément auprès de chacun des futurs époux avant de les déclarer unis par le mariage. Cependant le droit prend aussi en compte l'évolution de ce consentement dans la vie conjugale jusqu'à la rupture qui peut même alors se traduire dans la procédure de divorce par consentement mutuel. Dans la société actuelle si la cohabitation ne fonde pas le mariage, le droit est cependant amené à prendre en compte certains effets de l'union de fait qui peut en résulter pour leur conférer un cadre juridique, en particulier en cas de séparation.

Consuetudo legis habet vigorem

[La coutume a force de loi]

L'adage remonte au XVIe siècle où les coutumes ont été rédigées par décision royale et promulguées en forme de loi. Elles ont cessé d'avoir force de loi avec la promulgation du Code civil en 1804 qui en prononce l'abolition. Mais au-delà de ce principe général l'attachement à des règles coutumières, même éventuellement *contra legem*, peut demeurer par exemple pour des raisons pratiques : leur reconnaissance relève alors de la jurisprudence.

▶ V. *Où la loi fault l'usage prevault*

Contra non valentem agere non currit praescriptio

[La prescription ne court pas contre celui qui n'est pas en mesure d'agir en justice]

Ce principe inspiré du droit romain, repris par Pothier*, a été développé sous l'influence canonique par les romanistes médiévaux mais repris de manière plus restrictive dans le Code civil : la prescription court contre toutes personnes à moins qu'elles ne soient dans quelque exception établie par une loi (art. 2251). Cependant les difficultés d'adaptation demeurent en jurisprudence dès lors qu'il s'agit surtout d'apprécier la portée des faits qui peuvent être invoqués pour repousser la prescription.

Convenances vainquent loi

[Dans la limite permise par la loi, des dispositions conventionnelles (*convenances*) peuvent être substituées par les parties aux règles légales]

Sous cette forme l'adage a été exprimé par Beaumanoir* à la fin du XIIIe siècle à partir du droit romain. L'application des lois supplétives ou interprétatives, dans le droit actuel, peut être écartée par des conventions privées (C. civ., art. 1134) mais même en ce sens le législateur est amené inévitablement pour des raisons diverses (sociales, économiques etc.) à encadrer assez rigoureusement cette liberté laissée aux parties.

Crimen extinguitur mortalitate
Crimen morte finitum est

[Le crime est éteint par la mort]

Dans l'ancien droit et sous l'influence romaine (C.J. 9,6,6) la mort du criminel éteignait l'action publique sauf dans quelques cas de crime atroce entraînant alors procès au cadavre et à la mémoire du criminel. La Révolution a écarté cet aspect extrême mais a maintenu pourvoi en révision et demande en réhabilitation ; ces procédures ont été reprises et précisées dans le droit actuel.

Crimen ibi puniendum ubi commissum

[Le crime doit être puni (en fait : jugé) là où il a été commis]

Autant l'énoncé du principe est simple, autant dans le droit actuel la mise en œuvre en est complexe, ne serait-ce qu'au regard des multiples compétences territoriales ou des règles particulières à certaines matières (en matière économique et financière, par exemple).

Criminel (Le) tient le civil en état
Civil (Le) tient le criminel en état

Ces deux adages peuvent paraître contradictoires. En réalité ils répondent à des questions spécifiques différentes. Le premier adage pose une règle ancienne du droit pénal, très générale et essentielle : dès lors que l'action publique a été engagée la juridiction civile ne peut plus être saisie ou elle doit suspendre sa procédure, si elle était déjà en cours, en attendant la décision de la juridiction pénale. La raison en est que l'intérêt de la société (action publique) passe avant celui des particuliers (action civile). En revanche le second adage, plus récent, fait seulement référence aux exceptions où en fonction de la nature des faits la décision pénale ne peut intervenir qu'après la précision indispensable qui sera apportée par le jugement de la juridiction civile.

Cujus est condere legem ejus est abrogare

[Celui qui a le pouvoir de faire la loi a le pouvoir de l'abroger]

Avec l'instauration d'un système légaliste fondé sur la primauté de la loi à partir du Code civil de 1804 cet adage inspiré par le droit romain a pris une force impérative : l'abrogation de la loi ne peut venir que du législateur. Il reste que l'application de la loi peut quasiment s'éteindre en fonction de l'évolution sociale ou économique ; des usages contraires peuvent apparaître que la jurisprudence ne peut ignorer. La question des conséquences juridiques d'une abrogation par la désuétude reste alors posée en doctrine.

Cujus est solum ei est usque ad caelum usque ad inferos

[Le propriétaire du sol l'est également jusqu'au ciel et jusqu'aux enfers, c'est-à-dire « propriétaire du dessus et du dessous » (C. civ., art. 552)]

L'adage inspiré des juristes romains détermine les limites de la propriété foncière en hauteur et en profondeur à partir de la superficie ; mais l'évolution des techniques et leurs multiples applications ont entraîné de nombreuses restrictions à travers une abondante législation essentiellement en fonction de la protection de l'intérêt général.

Culpa lata dolo aequiparatur (1)
Culpa lata dolo comparabitur (2)

[La faute lourde est : équivalente au dol (1), comparable au dol (2)]

Bien que la faute lourde, telle qu'une grande négligence, ne comporte pas l'intention de nuire, le droit romain dans son dernier état l'avait rapprochée du dol (D. 50,16,26) : en raison de la similitude de conséquences de l'une et de l'autre, une raison d'équité imposait l'équivalence entre faute lourde et dol.

D

Dans toute enquête, contre-enquête est de droit

Cet adage dont la teneur est reprise dans le NCPC (art. 204) et dont le principe remonte à l'ordonnance de Louis IX (saint Louis) de 1258 substituant la preuve par enquête au duel judiciaire dans les juridictions royales, vise actuellement le principe du contradictoire et la liberté de la défense à travers les modalités des procédures civile, administrative ou pénale.

▶ V. *Audi alteram partem*

Dare in solutum est vendere

[Donner en paiement constitue une vente]
Comme en droit romain (C.J. 8,44,4) dont elle provient la dation en paiement consiste à remettre au créancier

sous réserve de son acceptation une chose autre que celle sur laquelle portait l'obligation. Si la doctrine hésite encore entre novation et vente quant à la nature de l'opération, la dation a d'abord les effets d'un paiement tout en étant proche de la vente.

▶ V. *Estimation vaut vente*

De l'homme mort le plaid est mort

[La mort de l'homme éteint le procès]

En matière pénale cet adage retenu par Loysel*, lié au principe de la personnalité des peines, demeure avec toutefois une exception à propos de la réhabilitation du condamné. En revanche en matière civile les actions se transmettent en principe par-delà la mort sauf les actions personnelles en raison de leur nature à moins que l'action ait été déjà introduite par le *de cujus*.

▶ V. *Crimen extinguitur mortalitate*

De minimis non curat praetor (1)
De non vigilantibus non curat praetor (2)

> [Il n'entre pas dans la fonction du juge de se charger des affaires insignifiantes (1) et également de suppléer aux négligences des plaideurs (2)]

Le premier adage fait référence aux importants pouvoirs, particulièrement judiciaires, qu'avait à Rome le *préteur* (magistrat) et qui le mettaient dans l'impossibilité de traiter lui-même des affaires mineures (D. 4,1,4). Sans doute notre droit en conserve le souvenir dès lors qu'il écarte l'action contentieuse pour une masse importante d'affaires de faible enjeu en vue de réduire l'encombrement des juridictions ; en revanche le rôle du juge pour la mise en état de l'affaire réduit considérablement la portée du second adage quant aux éventuelles négligences des parties.

Debitor rei certae interitu rei liberatur

> [Le débiteur d'un corps certain est libéré par la perte de la chose]

Le corps certain étant une chose unique impossible à remplacer, en cas de perte le débiteur ne peut être tenu de la livraison ou d'un dédommagement. Pour autant l'équité impose des limites à ce principe pour la protection des intérêts des parties au contrat, ne serait-ce en premier lieu qu'en considération des causes de la perte de l'objet (C. civ., art. 1142).

▶ V. *Nemo praestat casus fortuitos* ;
Res perit debitori

Delegatus delegare non potest

[Le délégué ne peut pas déléguer]

Cet adage venant de l'administration de l'Ancien Régime posait en principe que l'agent royal *délégué* ne pouvait *subdéléguer* son pouvoir sans y avoir été formellement autorisé. Dans notre droit public actuel la délégation de pouvoir (à ne pas confondre avec la simple délégation de signature) relève d'une réglementation très détaillée.

Dies a quo non computatur in termino

[La journée qui en marque le point de départ n'est pas comprise dans le délai]

La précision des limites de temps est capitale quant à la sécurité que le droit doit apporter, d'où le point de départ du délai au-delà du *dies a quo* dans cet adage d'origine romaine (D. 50,17,101). Aujourd'hui des raisons d'utilité en restreignent la portée (adage écarté en procédure civile ; ou encore principe du délai franc dans le contentieux administratif).

Dies non interpellat pro homine

[L'échéance du terme ne vaut pas mise en demeure]

D'origine romaine cet adage était fondé sur le fait que le créancier pourrait accepter tacitement une prorogation du délai ; d'où, pour le cas contraire, l'exigence d'un acte formel de mise en demeure (de nos jours : exploit d'huissier, voire lettre recommandée). Mais le contrat peut stipuler que l'échéance du terme vaudra mise en demeure (C. civ., art. 1139).

Dolo non facit qui suo jure utitur

[User de son droit n'entraîne pas de dol]

▶ V. *Neminem laedit qui suo jure utitur*

Donner et retenir ne vaut

La beauté du geste réclamerait désintéressement et constance de la volonté de donner mais les risques de versatilité et d'excès des sentiments humains sont tels que le droit a dû y apporter la rigueur en insérant la donation dans le système contractuel : du contrat réel romain (conclu à partir de la remise de la chose) la donation est devenue un contrat consensuel désormais irrévocable en règle générale avec toutefois des aménagements protecteurs dans le domaine le plus exposé, celui de la famille (donations en faveur du mariage, donations entre époux).

Dormiens furioso aequiparatur

[Le somnambule est équivalent au fou]

Furiosus mortuo aequiparatur

[Le fou est dans un état comparable à la mort]

Ces deux adages abordent les problèmes posés en droit pénal par les écarts de comportement humain au regard de la responsabilité subjective des délinquants en fonction de leur état mental, problèmes auxquels très tôt les Romains avaient cherché des solutions. Avec la résurgence du droit romain et sous l'influence du droit canonique, à partir du Moyen Âge le droit savant a développé cet héritage ; ainsi le cas de la démence a été analysé comme entraînant l'irresponsabilité pénale et le somnambulisme y était assimilé parmi les états qui s'en rapprochaient. Ce n'était d'ailleurs pas les seuls causes d'irresponsabilité pénale ou de responsabilité atténuée dans l'ancien droit : il y avait encore l'âge, de la tendre enfance à la majorité de 25 ans, ou au contraire la vieillesse, ou encore le sexe féminin, les femmes étant considérées par principe comme ne disposant que d'une moindre faculté de discernement.

▶ V. *Malitia supplet aetatem*

Doute (Le) profite à l'accusé

Cette maxime large de l'ancien droit portait aussi bien sur l'interprétation de textes obscurs par le juge que sur la manière de moduler la décision en cas d'insuffisance de la preuve rapportée. La Révolution en posant formellement le principe de la présomption d'innocence en a considérablement augmenté la portée et précisé le sens.

Dubia in meliorem partem interpretari debent

[Il faut interpréter les clauses douteuses dans le sens le plus favorable à celui sur qui elles pèsent]

Le but de cet adage protecteur, essentiel en droit civil, est de rétablir au-delà de clauses douteuses du contrat un équilibre rompu entre les intérêts des parties du fait de la position dominante de l'une d'elles, le créancier. L'adage s'étend au droit pénal (v. *supra*, *Le doute profite à l'accusé*), ou à l'interprétation des traités internationaux en faveur de l'État obligé.

Dura lex sed lex

[Rude est la loi, mais c'est la loi]

Si les Romains sont les inventeurs du droit tel que nous l'entendons encore ils ont largement entamé la réflexion sur ses limites. Cet adage fondé sur un passage d'Ulpien* (D. 40,9,12,1) rappelle le respect dû à la loi telle qu'elle est écrite parce que par principe la contrainte est nécessaire à l'application exacte des règles juridiques. Mais antérieurement il avait également été affirmé que la rigueur du droit strict pouvait être source d'injustice, *summum jus summa injuria,* et que pouvait alors s'imposer le recours aux tempéraments de l'équité.

▶ V. *Summum jus summa injuria*

E

Égalité (L') est l'âme des partages

Tous les partages posent à des degrés divers de délicats problèmes de détermination des lots en fonction de la nature des biens constituant le patrimoine (en particulier les immeubles) pour aboutir à l'égalité entre les parts. Ainsi pour les partages successoraux les intérêts familiaux ont suscité depuis le droit romain (C.J. 3,38,3) législation et jurisprudence complexes et évolutives.

Ei incumbit probatio qui dicit, non qui negat

[La charge de la preuve incombe à celui qui allègue et non pas à celui qui oppose ses dénégations]

Ce principe posé par le jurisconsulte romain Paul (D. 22,3,2) est simple. Mais la réalité de la vie judiciaire actuelle est plus complexe où chaque partie peut argumenter pour prévenir les affirmations de son adversaire tandis que le juge peut également intervenir d'office pour les besoins de l'instruction. De plus le principe ne joue pas toujours, ainsi devant l'Administration fiscale.

▶ V. *Factum negantis probatio nulla est*

Ejus est interpretari legem cujus est condere

[Le pouvoir d'interpréter la loi appartient à celui qui a légiféré]

Le juge qui doit appliquer la loi ne peut s'accommoder d'un texte obscur mais alors qui doit l'interpréter (*en éclairer le sens*) : le juge ou le législateur lui-même ? Dans le droit impérial romain, c'était l'Empereur (C.J. 1,14,12,3). En 1667 la royauté faisait obligation aux cours souveraines de s'adresser à elle en cas de difficulté pour l'exécution de ses ordonnances. Sous la Révolution la séparation des pouvoirs obligeait les juges à en référer au Corps législatif pour l'interprétation des lois, mais ce système s'est révélé quasiment impraticable par des assemblées surchargées. Enfin au XIXe siècle l'interprétation des lois est entrée dans les missions de la Cour de cassation. Pour autant des traces de l'ancien principe demeurent encore à travers la pratique de la loi interprétative.

Electa una via non datur regressus

[Dès lors qu'une voie a été choisie il n'est plus possible de revenir à une autre]

L'infraction ayant causé un préjudice de quelque nature qu'il soit (corporel, matériel ou moral) ouvre à la victime le choix de porter l'action en réparation au pénal ou au civil. D'une part, le choix doit respecter la triple identité de parties, de cause et d'objet ; d'autre part, le choix de porter l'action au civil est irrévocable, en ce sens qu'il écarte l'option de l'action au pénal. En revanche l'option du pénal n'empêche pas le retour au civil dans certaines hypothèses.

Emptor debet esse curiosus

[Il appartient à l'acheteur d'être vigilant sur les conditions de l'acte]

Cet adage favorable au vendeur, d'origine mal connue, supposait chez tout acquéreur à la fois perspicacité et connaissances. Mais les récents développements des techniques, de la publicité et de la société de consommation ont suscité à la fois jurisprudence et large législation créant un droit protecteur de l'acheteur.

En fait de meubles la possession vaut titre

Les meubles corporels, seuls visés ici, sont très facilement transmissibles sans possibilité de suite. Leur condition juridique est alors liée au fait de la possession, d'où le principe repris de l'ancien droit dans le Code civil (art. 2279) : la possession en vaut *titre de propriété*. La possession présume une acquisition régulière mais la propriété n'en doit pas moins être protégée pour autant, d'où l'importance de la bonne foi de l'acquéreur.

En mariage il trompe qui peut

Célèbre adage rapporté par Loysel* signifiant que les manœuvres dolosives n'entraînent pas de vice du consentement, donc de nullité du mariage. Cependant si l'adage a été implicitement suivi dans le Code civil par prétérition, la rigueur du principe a été atténuée par une jurisprudence étendant largement les causes de divorce.

En ville tout mur est mitoyen s'il n'appert du contraire

Selon la coutume de Paris les murs séparant maisons et jardins étaient mitoyens sauf disposition contraire des propriétaires, tradition médiévale reprise dans le Code civil (art. 653). En fait, en l'absence fréquente de titres de propriété sur ce point les présomptions législatives de mitoyenneté ou de non mitoyenneté laissent au juge une sensible marge d'appréciation.

Entente (L') est au diseur

[Le diseur (*le stipulant*) est censé bien entendre (*concevoir*) ce qu'il veut dire (*énoncer*)]

Vieux souvenir de la *stipulatio* romaine : le stipulant posant les conditions de l'obligation à laquelle s'engageait le promettant devait supporter les conséquences des ambiguïtés survenues dans ses questions. Le Code civil (art. 1162) précise : « dans le doute la convention s'interprète contre celui qui a stipulé et en faveur de celui qui a contracté l'obligation ».

▶ V. *Qui vend le pot dit le mot*

Error communis facit jus

[L'erreur commune est créatrice de droit]

Cet adage, dont la formulation médiévale est inspirée de textes romains (D. 1, 14,3), repose sur des raisons d'équité et de préservation de l'ordre public : reçoivent ainsi pleine valeur juridique des actes entachés d'irrégularité. Mais la protection doit être complète vis-à-vis de tous : la jurisprudence impose alors au justiciable qui invoque l'erreur commune la condition de sa bonne foi face à une erreur impossible à déceler.

Estimation vaut vente

Le principe venu de la pratique dotale romaine assurait à la femme en cas de divorce la restitution de la dot par le mari (D. 23,5,11). Entendu largement l'adage offre une base : soit lorsque celui qui a reçu la chose estimée peut la garder en payant le prix, soit en cas de restitution en nature quant à l'évaluation de la chose en l'état (dégradation ou amélioration).

▶ V. *Dare in solutum est vendere*

Ex nudo pacto non nascitur actio

[Le pacte nu ne peut donner naissance à aucune action]

Le droit romain initial n'accordait valeur juridique à l'accord des volontés qu'entouré de formes précises ; mais de nombreux besoins pratiques y ont fait naître des catégories de contrats consensuels (conclus par la seule volonté des contractants) (D. 2,14). Le développement du consensualisme entamé à partir du XIIIe siècle a été consacré par le Code civil en un principe général (art. 1108). Cependant l'évolution économique depuis le début du XXe siècle a suscité dans de nombreux domaines un retour à des formes solennelles pour la sécurité des transactions.

Exceptio est strictissimae interpretationis

[L'exception est d'interprétation stricte]

Parce qu'elle provoque une soustraction à l'application normale de la règle de droit l'exception doit être comprise strictement dans les limites du texte qui l'énonce. En revanche si en principe l'exception doit être appuyée sur un texte précis, la jurisprudence est amenée éventuellement à fonder une exception sur un principe supérieur d'équité.

Expressa nocent non expressa non nocent

[Ce qui est exprimé peut porter préjudice, ce qui ne l'est pas ne le peut pas]

Le sens de cet adage romain (D. 50, 17,195) est d'abord d'ordre pénal, la pensée criminelle n'étant pas répréhensible à elle seule. En revanche, il est moins clair en matière civile : si l'expression de la volonté n'est pas toujours nuisible, telle une clause favorable au cocontractant, une omission peut être préjudiciable.

▶ V. *Cogitationis poenam nemo patitur*

Extinctae res vindicari non possunt

[Les choses disparues ne peuvent pas être revendiquées]

L'adage inspiré du droit romain vise la revendication que le vendeur impayé peut exercer, en cas de vente sans terme, sur le meuble qu'il a livré à la condition cependant que le meuble existe encore dans le même état dans lequel la livraison avait été effectuée (C. civ., art. 2102, al. 4).

F

Factum negantis probatio nulla est

[La preuve d'un fait négatif ne saurait être rapportée]

En réalité cet adage a été déduit d'un texte romain (C.J. 4,19,23) qui pose en principe que si le demandeur avoue n'être pas en mesure d'apporter la preuve de son affirmation cela ne reporte pas pour autant sur le défendeur la charge d'apporter la preuve contraire. Il s'agit alors du fait de nier et non de la preuve d'un fait négatif : on ne peut exiger du défendeur de prouver que ne s'est pas produit le fait allégué par le demandeur alors que ce dernier lui-même n'est pas en mesure d'apporter la preuve de son affirmation.

▶ V. *Ei incumbit probatio qui dicit, non qui negat*

Factum tutoris factum pupilli

[Le fait du tuteur est *ipso facto* le fait du pupille]

Cet adage énoncé par Pothier* rappelle que le tuteur représente le mineur et agit en son nom dans tous les actes civils qui sont alors censés avoir été passés par le pupille lui-même ; l'adage a été repris par le Code civil (art. 450). Ce système suscité par l'incapacité du mineur n'en conduit pas moins à le protéger en même temps contre les risques d'une représentation abusive ou défectueuse.

Fille fiancée n'est prise ni laissée car tel fiance qui n'épouse point

Cet adage ainsi retenu par Loysel* rappelait dans une forme proverbiale une règle juridique bien connue de la population. Le droit français ne reconnaît pas en principe aux fiançailles la valeur d'un engagement contractuel, à la différence du droit canonique ou de certaines législations européennes. En revanche la jurisprudence attache le cas échéant à la rupture des fiançailles par le fait du

Adages et maximes du droit français 67

fiancé une responsabilité délictuelle sous certaines conditions de preuve.

Fiscus semper solvendo censetur

[Le fisc est toujours présumé solvable]

Le fisc, du nom de l'administration financière impériale romaine, est présumé ne pas connaître le risque d'insolvabilité ; d'où, face aux particuliers, les privilèges dont il jouit dans le règlement des dettes de l'État.

Foi est due au titre

Cet adage d'ancien droit pose le principe de la force probante attachée à l'acte authentique. Tandis que la véracité de l'acte sous seing privé peut être remise en cause par la simple contestation d'une écriture, obligeant à engager une procédure en vérification, l'acte authentique tire sa force de ce qu'il a été établi par un officier public, tels un notaire ou un officier d'état civil. La force probante des écritures publiques étant fondée sur la charge de l'officier public d'authentifier par sa signature, ainsi de la volonté des particuliers, *foi est due au titre* (C. civ., art. 1319). Dès lors la teneur de l'acte authentique ne peut être contestée qu'au moyen de la rigoureuse procédure d'inscription de faux.

▶ V. *Scripta publica probant se ipsa*

Force n'est pas droit

Au début du XVIIe siècle, présentant cet adage inspiré de sources romaines Loysel* ajoute : « elle [la force] est, au contraire, opposée au droit ». Cependant la question philosophique déjà posée ici par des notions telles que la légitime défense ou la force majeure est plus aiguë encore dès lors que l'on considère les relations internationales où la force est éventuellement censée mise au service du droit.

Forma dat esse rei

[La forme donne l'être à la chose]

L'adage vise les actes juridiques dont la validité est soumise à des prescriptions formelles : prononcé de paroles rituelles (le *oui* exprimant le consentement au mariage, par ex.), mentions obligatoires dans un acte écrit, le plus souvent intervention d'une personne ayant le pouvoir d'authentifier la déclaration de volonté (notaire ou juge).

▶ V. en complément, *In solemnibus forma dat esse rei*

Frangendi fidem non est fides servanda

[À celui qui rompt la foi, la foi n'est plus due]

Conséquence directe du principe du consensualisme tel qu'affirmé en droit canonique et fondement des contrats synallagmatiques, la maxime rappelle la corrélation nécessaire dans l'exécution des obligations respectives. D'où la protection des contractants développée par le législateur et la jurisprudence (exception *non adimpleti contractus*).

Fraude ne se présume point

Cet adage est confirmé par le fait qu'en matière de fraude le Code civil n'énonce pas le principe d'une présomption ; en revanche il facilite la preuve de la fraude qui peut être rapportée ici à partir de la mauvaise foi parce que la fraude suppose à la fois le résultat mais aussi l'intention. Il reste que le droit actuel comporte quelques exceptions au principe, exemples de présomption de fraude attachée à certains actes, entre autres notamment des actes passés par le failli durant la période suspecte.

Fraus omnia corrumpit

[La fraude corrompt tout]

Cette formulation lapidaire d'un principe de valeur très générale, de très vaste application, ne remonterait qu'à la rédaction d'un arrêt de la Cour de cassation du milieu du XIXe siècle ; mais l'esprit qui en est la moralisation des rapports juridiques s'en retrouverait dans bien d'autres sources au moins depuis les compilations romaines, en particulier à propos de la fraude à l'égard du fisc impérial (D. 49,14,4). La fraude qui suppose dans sa définition courante une volonté délibérée, l'intention de nuire contraire à l'honnêteté, peut atteindre aussi bien l'homme, le partenaire juridique, qu'être tournée vers la loi elle-même ; par la généralité de ses manifestations elle pose encore la question à la fois de la preuve et de la sanction.

Fraus significat eventum et consilium

[La fraude suppose à la fois le résultat et l'intention]

▶ V. *Fraude ne se présume point*

Fructus augent hereditatem

[Les fruits accroissent l'hérédité]

La composition du patrimoine constituant l'hérédité est déterminée par l'ouverture de la succession ; les fruits que ces biens ne cesseront de produire pour autant seront pris en compte dans la masse indivise au moment du partage. Mais l'application de ce principe d'origine romaine (D. 5,3,20,3) est complexe, par exemple en présence de créanciers ou de légataires.

▶ Rappr. *Accessorium cedit principale*

Frustra probatur quod non relevat

[La preuve qui ne décharge pas est inopérante]

Cet adage inspiré par des textes romains (C.J. 4,19,21) et repris dans le Code de procédure civile (art. 222, al. 2) conduit à n'admettre au cours de la procédure que la prestation de preuves susceptibles de forger la conviction du juge quant au bien-fondé des prétentions émises. Bien que simple cette règle de pertinence reste d'une délicate application tant du point de vue du fait que du droit.

Furiosus mortuo aequiparatur
▶ V. *Dormiens furioso aequipraratur*

G

Genera non pereunt

[Les choses de genre ne périssent pas]

À l'inverse du corps certain qui est individualisé, les choses de genre en tant que choses fongibles ne sont déterminées que par leur nombre, leur poids ou leur mesure ; de ce fait pouvant toujours être remplacées elles sont alors considérées dans l'analyse juridique comme si elles étaient impérissables. Ainsi la distinction, connue des Romains (D. 45,1,54), prend tout son sens dans l'exécution du contrat de vente en cas de perte de la chose.

Generalia specialibus non derogant

[Ce qui est général ne déroge pas à ce qui est spécial]

La distinction romaine (D. 50,17,80) entre lois générales exprimant le droit commun et lois spéciales garde encore tout son intérêt dans la vie pratique. Une loi spéciale peut déroger à une loi générale ou en développer un point particulier. Il reste que les questions d'interprétation qui en résultent dépendent de la qualité et de la clarté de l'œuvre législative elle-même.

▶ V. *Specialia generalibus derogant*

H

Habilis ad nuptias
habilis ad pacta nuptialia

[Celui qui est capable pour contracter mariage l'est aussi pour le contrat de mariage]

Il ressort de cet adage venant de l'ancien droit que l'incapable doit remplir pour passer le contrat de mariage les mêmes conditions d'assistance qui sont exigées par la loi pour contracter valablement le mariage lui-même (C. civ., art. 1398). Ce principe a d'ailleurs été adapté aux majeurs dont l'état réclame également une assistance juridique pour pouvoir contracter.

Habit (L') ne fait pas le moine

[Exactement : *L'habit ne fait pas le moine, mais la profession religieuse*]

Adage très ancien, rappelé par Loysel*, venant du droit canonique : il condamnait celui qui prétendait vivre en religieux sans avoir adhéré à l'état monastique par la prononciation des vœux (*profession*) qui en sont le fondement. De cet adage, devenu sans objet dans la législation actuelle, on peut retrouver l'esprit dans le droit pénal en matière d'usurpations (titres, nom, qualité, etc.).

Hereditas personam defuncti sustinet

[L'hérédité continue la personne du défunt]

Dans le droit romain primitif, à partir de l'idée que la mort mettait fin à la personnalité juridique, l'hérédité était jacente (patrimoine sans maître) en attendant l'acceptation par l'héritier. Cette situation a suscité l'évolution, achevée sous Justinien (D. 41,1,33,2), vers l'idée de continuité patrimoniale à travers la personnalité du défunt réputée titulaire de l'hérédité jusqu'à l'acceptation de l'héritier. Déjà si le droit actuel écarte l'inconvénient de l'hérédité jacente (« le mort saisit le vif son plus proche héritier »), il a aussi beaucoup reçu du droit romain : ainsi il ne lie pas l'héritier en lui permettant d'accepter ou de renoncer bien que continuateur de la personne, de même il attribue à l'État les successions sans héritier connu, de même encore il protège les créanciers de la succession.

▶ V. *Mort (Le) saisit le vif...* ;
N'est héritier qui ne veut ;
Semel heres semper heres

Hommes et femmes mariés sont tenus pour émancipés

En droit romain l'émancipation par le père éteignait la puissance sur l'enfant, en principe perpétuelle, tradition reprise dans les pays méridionaux de droit écrit. Au Nord, la tradition des pays de coutumes fondait l'émancipation sur l'établissement de l'enfant en dehors de sa famille (« mis hors de pain »). D'où l'adage repris par Loysel* posant le principe de l'émancipation par mariage, principe qui a été généralisé par le Code civil (art. 476).

Hypotheca est tota in toto et tota in qualibet parte

[L'hypothèque atteint à la fois le tout et chaque partie (du bien sur lequel elle repose)]

Hypothèque ne se divise point

Cet adage retenu par Loysel*, repris par le Code civil (art. 2114), signifie que le paiement de la totalité de la créance peut ainsi être réclamé même à partir d'une seule partie du bien hypothéqué. Mais ce principe de garantie devient d'application complexe lorsque le bien ou la créance ont été divisés, notamment en cas de partage successoral ; il revient alors au praticien d'établir une répartition équitable de la charge entre les indivisaires.

I

Idem est non esse et non probari

[La situation est la même qu'il y ait inexistence ou que l'existence n'ait pas été prouvée]

Cet ancien adage souligne que la preuve d'un droit subjectif doit être rapportée par son titulaire, surtout en justice ; il en va de l'existence même de ce droit. Mais il reste que la rigueur de l'adage doit s'effacer devant l'impossibilité avérée ; la législation vient alors dans certains cas l'atténuer par un système de présomptions qui allègent l'administration de la preuve voire en dispensent. Car il faut souligner l'importance de la preuve dans la pratique : en justice les meilleures causes risquent d'être perdues faute de preuve.

Idem est non esse et non significari

[La situation est la même qu'il y ait inexistence (d'un acte) ou absence de signification]

De nombreux actes juridiques ne peuvent tirer leur force que de leur signification aux personnes intéressées et d'abord en justice (principe du contradictoire). Mais l'aire d'extension de cet ancien adage s'étend bien au-delà dès lors qu'est en jeu la sécurité des parties, celle du destinataire comme celle de l'auteur de l'acte confirmant ainsi sa volonté.

Ignorantia legis non excusat

[L'ignorance de la loi ne constitue pas une excuse]

▶ V. *Nul n'est censé ignorer la loi*

Il faut payer qui veut acheter

Certes celui qui a acheté doit payer le prix, mais l'adage s'entend d'une réalité plus complexe dans les ventes mobilières du fait de la différence entre vente au comptant et vente à terme retardant le paiement : le vendeur doit alors être protégé. La distinction romaine suscitant des garanties du vendeur différentes selon le cas a été reçue dans notre ancien droit et conservée dans le Code civil au titre « Des privilèges sur certains meubles » (art. 2102).

Impossibilium nulla obligatio est

[Il n'y a aucune obligation pour les choses impossibles, D. 50,17,185)]

▶ V. *À l'impossible nul n'est tenu*

In conventionibus contrahentium voluntas potius quam verba spectari placuit

[En matière de conventions la volonté des contractants doit être davantage prise en considération que les mots]

Les romains (D. 50,16,219) soulignaient déjà que les mots indispensables pour exprimer la volonté des parties contractantes risquaient de comporter une part d'insuffisance ou même d'inexactitude, d'où, si nécessaire, la recherche du sens précis de l'accord au-delà des mots. En droit ce principe repris par le Code civil (art. 1156) a une portée très générale.

▶ V. *Actus interpretandus est potius ut valeat quam ut pereat*

In dubio pro reo

[Le doute profite à l'accusé]

▶ V. *Doute (Le) profite à l'accusé*

In lege Aquilia et culpa levissima venit

[Dans la loi Aquilia même la faute la plus légère est retenue]

Ce grand texte du droit romain (D. 9, 2,44) (plébiscite voté sur la proposition du tribun Aquilius en 286 av. J.C.) a organisé, à côté des *délits publics*, la sanction de fautes n'entraînant alors que des *délits privés*. Plus tard est venue s'ajouter à l'idée de réparation la conception morale des canonistes médiévaux; enfin la sanction des dommages causés aux tiers sortait du cadre répressif. Ainsi l'adage est à l'origine de l'évolution menant dans notre droit au concept de responsabilité civile (C. civ., art. 1382). Mais il reste que, si la notion de faute civile exclut toute intention de nuire, jurisprudence et législation ont été entraînées dans une œuvre de précision et d'interprétation de plus en plus poussée de la gravité de la faute non intentionnelle, en particulier au regard des risques de plus en plus étendus dans les activités professionnelles.

In maleficiis voluntas spectatur non exitus

[Dans les crimes on doit regarder la volonté de l'auteur, non le résultat de son acte]

Cet adage (D. 48,8,14) venant d'un rescrit rendu sous l'Empereur Hadrien (IIe siècle ap. J.C.), marque le passage de la conception d'une responsabilité purement objective, (c'est-à-dire résultant du seul fait de la commission de l'acte) à la prise en compte de l'élément subjectif (la recherche de l'intention dans l'acte) délimitant la responsabilité. Dès lors il faut absoudre celui qui a tué sans en avoir eu la volonté et au contraire condamner celui qui n'a pas tué mais en avait le dessein ce qui menait à la répression de la tentative d'homicide. Si au Moyen Âge la conjonction de la résurgence du droit romain et de l'influence canonique a suscité le développement des dernières conceptions romaines dans la doctrine, le droit coutumier demeurait encore plus proche de la responsabilité objective, ne distinguant pas par exemple l'homicide involontaire de l'homicide volontaire ou encore par rapport à la seule tentative n'entraînant alors qu'une faible sanction. Punir la tentative à l'égal du crime consommé deviendra la solution du droit actuel.

In obscurcis minimum est sequendum

[Lorsque les conventions sont obscures l'interprétation doit s'en tenir au minimum]

Cet adage d'origine romaine (D. 50, 17,9) rappelle que l'inévitable mission d'interprétation qui échoit au juge est si délicate qu'il paraît nécessaire d'en préciser les limites dès lors que les textes manquent de clarté ; cela est fait d'ailleurs aussi bien par le législateur dans le Code civil que par la doctrine et par la jurisprudence.

▶ V. *In dubio pro reo*

Adages et maximes du droit français

In pari causa melior est causa possidentis

[Les parties étant à égalité dans leurs causes, celle du possesseur doit être préférée]

▶ V. *Melior est causa possidentis quam petentis*

In pari causa turpidinis cessat repetitio

[Les parties s'avérant à égalité de turpitude il ne peut y avoir de répétition]

L'annulation d'un contrat oblige les parties à restitution réciproque de ce qu'elles ont reçu à ce titre ; mais en cas d'annulation venant d'une cause immorale ou illicite l'action en répétition est refusée dès lors que le demandeur a participé à la turpitude qu'il invoque. Le principe remonte au droit romain (D. 12,5,3), le droit canonique ayant accentué l'aspect moral de la solution qui a été suivie au XIXe siècle mais non consacrée formellement par le Code civil. Par crainte d'aboutir à une autre immoralité en refusant l'action en répétition au demandeur alors qu'il pourrait être en réalité le moins fautif, la jurisprudence n'écarte l'action qu'à égalité de participation à la turpitude de part et d'autre.

▶ V. *Nemo auditur propriam turpitudinem allegans*

In poenalibus causis benignius interpretandum est
In poenis benignior est interpretatio facienda

▶ V. *Poenalia sunt restringenda*

In solemnibus forma dat esse rei

[Dans les actes solennels la forme donne l'existence à l'acte]

Le droit romain soumettait primitivement la validité de tout contrat à un formalisme rigoureux ; puis des exceptions notables y furent admises. Le principe général de consensualisme dans notre droit marque une inversion essentielle. Ce n'est cependant pas sans limite : en dehors de la validité même, pour certains actes l'exigence d'une formalité peut avoir aussi d'autres buts (publicitaire, probatoire, etc.).

▶ V. *Forma dat esse rei*

In toto jure genus per speciem derogatur

[En toute matière juridique l'espèce déroge au genre]

▶ V. *Specialia generalibus derogant*

Incendia plerumque fiunt culpa inhabitantium

[La plupart du temps les incendies se produisent par la faute des habitants]

De ce texte du droit romain (D. 1,15, 3,1) vient la présomption légale de faute du Code civil (art. 1733) à l'encontre du locataire en cas d'incendie de l'immeuble sauf faits (tels cas fortuit ou force majeure) atténuant sa responsabilité. Mais les conditions actuelles de la vie par leur complexité suscitent législation et jurisprudence très nuancées.

Incivile est nisi tota lege perspecta respondere

[Il n'est pas correct de se prononcer sans considérer la loi dans sa totalité]

L'adage d'origine romaine (D. 1,3,24) souligne l'erreur (intentionnelle ou non) qui serait de ne retenir qu'une partie d'une disposition législative en l'isolant de l'ensemble du texte. Il fonde en réalité une méthode d'interprétation valable pour toutes matières juridiques en droit interne comme en droit international.

Infans conceptus pro jam nato habetur quoties de commodis ejus agitur

[L'enfant conçu est réputé né chaque fois que son intérêt est en jeu]

Principe romain (D. 1,5,7) concernant les personnes physiques repris par le Code civil (art. 725) mais en le limitant à la matière des successions. En revanche en fonction de l'évolution sociale le législateur a dû étendre à la filiation naturelle les conditions d'application (date de la conception, viabilité de l'enfant) initialement précisées dans le seul cadre de la filiation légitime.

Institution d'héritier n'a point de lieu

Les anciens pays de droit écrit s'inspiraient du droit romain dans lequel la volonté du père de famille, par l'institution d'héritier pièce nécessaire du testament, désignait le continuateur de sa personne ; à l'inverse l'adage rapporté par Loysel* concernait les anciens pays de coutumes où l'héritier désigné par le sang, était le continuateur du défunt. Les deux traditions s'étant quelque peu rapprochées, le Code civil (art. 1002) a maintenu le principe coutumier, les dispositions testamentaires ayant alors seulement valeur de legs.

Interest reipublicae ne maleficia maneant impunita

[Il importe à la chose publique que les méfaits ne restent pas impunis]

La justice publique en matière pénale est fondée sur ce principe plongeant ses racines dans le droit romain. La résurgence de ce droit en Italie au XIIe siècle a fait reparaître ce principe dans les statuts de villes dont la puissance en faisait de petits États ; il y marquait le passage de la justice privée à la justice publique. De là le principe est passé dans les villes de Provence et du Languedoc tandis que l'enseignement du droit romain en France en répandait l'influence. Avant la fin du Moyen Âge ce principe de justice publique était définitivement acquis dans le royaume de France.

Intérêt (L') est la mesure de l'action

[Il ne peut y avoir d'action sans intérêt pour agir]

▶ V. *Pas d'intérêt pas d'action*

Interlocutoire (L') ne lie pas le juge

Jugement « avant dire droit », l'interlocutoire ne répond qu'à une mesure d'instruction ordonnée par le juge ; ne préjugeant pas l'affaire au fond il ne saurait lier le juge dans sa décision finale. En revanche dans le déroulement du procès l'interlocutoire constitue un maillon dont le juge doit respecter toutes les conséquences sur le plan procédural.

Is fecit cui prodest

[A accompli l'acte celui qui y avait un intérêt]

La maxime a toujours profondément marqué le droit criminel comme une piste à suivre pour parvenir à la vérité mais à travers des systèmes procéduraux opposés : elle apportait un indice parmi d'autres dans la comptabilité des preuves légales de l'ancien droit ; depuis la Révolution elle suggère une orientation pouvant forger l'intime conviction.

J

Jamais on n'avance les verges dont on est battu

Cette maxime de l'ancien droit était explicitée ainsi par Loysel* : *c'est-à-dire qu'en matière criminelle l'accusé n'avance point les frais de son procès.* Il rappelait qu'il en était de même en matière civile et s'appuyait sur l'adage *Nemo tenetur edere contra se* qui a toutefois un sens plus large : « personne n'est tenu de faire connaître contre soi ».

▶ V. *Nemo contra se edere tenetur*

Judex secundum allegata et probata partium judicare debet

[Le juge doit statuer selon les allégations et les preuves des parties]

Ce principe uniquement de procédure civile était déjà posé dans une ordonnance du XVe siècle. Le Code de procédure civile (art. 6) en a repris la teneur en précisant les limites de l'office du juge : si ce dernier est tenu de ne pas outrepasser les allégations des parties (il y aurait alors jugement *ultra petita*), en revanche quant aux preuves il a le pouvoir d'ordonner telles mesures d'instruction qu'il estime nécessaires.

Juge (Le) de l'action est juge de l'exception

L'exception est un moyen de défense tendant à paralyser l'action introduite ; à cause de cela elle doit être présentée avant toute défense au fond mais peut aussi par sa nature-même relever de la compétence d'une juridiction d'un autre ordre. Cet adage traditionnel pose alors un principe apparemment simple et général. Mais les difficultés d'application réclament des aménagements procéduraux, notamment dès lors que des questions préjudicielles relèvent de la compétence exclusive d'une autre juridiction.

Jura novit curia

[La cour est censée connaître le droit]

Ce principe ancien repris par le Code de procédure civile (art. 12) est fondé sur la connaissance que le juge doit avoir du droit de par sa fonction qui est précisément de « dire le droit »; il est justifié aussi bien par les modes actuels de publication officielle des textes juridiques. Mais si ce principe dispense les parties d'apporter la preuve du droit invoqué, la jurisprudence n'en rencontre pas moins les limites dès lors qu'il s'agit de coutumes et usages ou de lois étrangères.

Jura vigilantibus non dormientibus prosunt

[Les droits profitent à ceux qui sont en éveil, non aux endormis]

Jura vigilantibus tarde venientibus ossa

[Les droits profitent à ceux qui sont en éveil, aux retardataires il ne reste que les os]

Ces adages inspirés du droit romain rappellent encore la nécessité de limites temporelles pour assurer une rigoureuse application des règles juridiques protectrices. Au bénéficiaire d'être vigilant en se manifestant dans les délais prévus ; sinon, outre la perte du bénéfice de la règle, il en subit toutes les conséquences et en est responsable.

Le second adage inspiré du droit romain (D. 42,8,22) vise plus particulièrement la liquidation du patrimoine des insolvables en matière civile où, à la différence de la procédure commerciale, n'est pas organisée systématiquement la liquidation du patrimoine du débiteur notoirement insolvable en situation de déconfiture.

Jure naturae aequum est neminem cum alterius detrimento et injuria fieri locupletiorem

[Selon le droit naturel l'équité réclame que nul ne s'enrichisse injustement au détriment d'autrui]

Sur cette maxime de droit romain (D. 50, 17,206) s'est construite en droit moderne la condamnation de l'enrichissement sans cause c'est-à-dire dépourvu de titre juridique : la partie lésée peut recourir à l'action *de in rem verso*. Mais, pour écarter l'invocation abusive de l'équité, cette action n'est reçue par le juge qu'à titre subsidiaire (impossibilité d'autre recours).

▶ V. *Summum jus summa injuria*

Jus est ars boni et aequi

[Le droit est l'art du bien et de l'équitable]

Cet adage reprend la définition du droit émise par le jurisconsulte Celse* et citée, au début du Digeste, par Ulpien* qui l'estime de grande distinction (*eleganter*) (D. 1,1,1) ; le terme latin *ars* pourrait d'ailleurs y viser aussi bien le savoir-faire et l'habileté que les principes théoriques. De nos jours le droit est reconnu comme une science, au sens large d'ensemble de connaissances raisonnées ayant ses méthodes propres, mais étrangère au déterminisme qui distingue la catégorie des sciences exactes. Or en même temps, en particulier en fonction de ses rapports avec la morale (*voir les adages suivants*), le droit est également considéré comme un art dans l'application pratique sous ses formes essentielles qu'il s'agisse de légiférer, de rendre la justice, de procéder aux inévitables interprétations.

▶ V. *Summum jus summa injuria*

Juris praecepta sunt haec : honeste vivere, neminem laedere, suum cuique tribuere

[Les préceptes du droit sont : vivre honnêtement, ne léser personne, rendre à chacun ce qui lui est dû]

Justicia est voluntas jus suum cuique tribuere

[La justice est la volonté de faire à chacun son droit]

Ces deux adages sont extraits du même texte d'Ulpien* au début du Digeste (D. 1,10,1 et D. 1,1,10). En fait la définition du droit y précède l'énoncé des principes de vie sur lesquels est fondé le droit : rejoignant ainsi la morale, il a alors pour but d'apporter les correctifs nécessaires aux écarts de comportement des individus. Le cadre est ici celui de la justice *commutative* dans les rapports individuels de patrimoine à patrimoine indépendamment des considérations sociales qui interviennent dans la justice *distributive* de caractère collectif qui entend au contraire corriger les inégalités sociales.

L

Lata sententia judex desinit esse judex

[Après avoir rendu sa sentence, le juge cesse d'être juge]

La procédure romaine initiale confiait à un citoyen le pouvoir de prononcer le jugement mais non d'en suivre l'exécution. Dans la procédure extraordinaire (IIIe siècle ap. J.C.) le juge, fonctionnaire impérial, suivait l'affaire jusqu'à l'exécution du jugement (D. 42,1,55) mais sans pouvoir en modifier la teneur. La procédure actuelle garde le même principe appuyé sur l'autorité de la chose jugée, en réservant toutefois quelques exceptions.

▶ V. *Arrêt lu à l'audience appartient au public*

Légataires universels sont tenus pour héritiers

La teneur de cet adage retenu par Loysel*, rapprochant les deux conditions de légataire universel et d'héritier, adage apparu au XVIIe siècle et consacré par la législation du siècle suivant, est passée dans le Code civil (art. 1005, 1006) avec cependant des aménagements concernant notamment l'attribution de la saisine héréditaire.

Lettres passent témoins

[La preuve par l'écrit l'emporte sur la preuve par témoins]

Le principe était inversé, la preuve par témoins l'emportant sur la preuve par écrit, au Moyen Âge à l'époque des preuves irrationnelles et sous l'influence des droits savants, romain et canonique. Mais à partir du XVe siècle, dans une civilisation nouvelle de l'écriture la législation a consacré la supériorité de l'acte écrit sur le témoignage.

Lex est quod notamus

[La loi est ce que nous notons] (devise notariale)

Le notariat public venant d'Italie s'est introduit en France au XIIIe siècle à partir des régions méridionales. Délégataire de la puissance publique, le notaire par sa signature conférait l'authenticité aux actes qu'il rédigeait. Ce statut a été confirmé par la loi du 25 ventôse an XI (16 mars 1803). L'authenticité conférée à l'acte entraîne force exécutoire.

Lex posterior derogat priori

[La loi postérieure déroge à la loi antérieure]

À la différence de la coutume qui peut évoluer ou disparaître par désuétude, la loi en principe ne peut être modifiée ou abrogée que par une loi postérieure. Cependant des dispositions législatives nouvelles qui s'avèreraient inconciliables avec les précédentes vaudraient abrogation tacite dans les limites précises de la contradiction.

Liber homo non recipit aestimationem

[L'homme libre n'est pas susceptible d'estimation]

Liberum corpus aestimationem non recipit

[Le corps d'un homme libre ne peut être l'objet d'une estimation]

À Rome, en cas de blessures ou d'homicide le corps de l'esclave, homme mais ayant juridiquement la qualité d'un bien et non d'une personne, était estimé pour la réparation en argent due au maître, le propriétaire. À l'inverse, celui de l'homme libre étant la personne elle-même était inestimable ; mais il n'y avait alors aucun droit à réparation. À partir de ces sources romaines la doctrine médiévale a innové en introduisant la notion de réparation non pas au titre de la vie humaine, inestimable, mais des conséquences du décès appréciables en argent. Elle annonçait ainsi les développements futurs d'un droit de la responsabilité surtout importants depuis le xixe siècle et désormais étendus aux dommages moraux autant que matériels.

Licet alicui adjiciendo sibi creditorem creditoris sui deteriorem facere conditionem

[Il est permis à quiconque d'aggraver la condition de son créancier en contractant avec un autre créancier]

En fait la confusion des patrimoines du défunt et de l'héritier peut être préjudiciable aussi bien aux intérêts des créanciers de l'un que de l'autre. La solution romaine (D. 42,6,1,2) ne protégeant que les créanciers du défunt est suivie par le Code civil qui refuse à ceux de l'héritier le bénéfice de la séparation des patrimoines. Mais le principe de la liberté de s'obliger est restreint par les mécanismes actuels de prévention de l'endettement.

Licitation vaut partage

En droit romain la vente aux enchères (*licitatio*) était la technique retenue lorsque le partage d'un bien indivis s'avérait trop difficile. Le Code civil attribue l'effet déclaratif du partage à la licitation entre héritiers (art. 883). En revanche la licitation intervenant au profit d'un étranger à la succession devient une vente n'ayant qu'un effet translatif.

Locataire (Le) doit être tenu clos et couvert

Le principe de cet adage de droit coutumier énoncé dans les Institutes coutumières de Loysel* au XVIe siècle a été suivi mais de manière plus limitée dans le Code civil (art. 1719). Le droit actuel a repris minutieusement l'étendue de l'obligation du bailleur et délimité les éventuelles sanctions en cas de manquement.

Locus regit actum

[La forme de l'acte est réglée par la loi du lieu de passation]

Ce principe de droit international privé, aux racines romaines (D. 21,2,6), décide que la forme des actes juridiques privés est déterminée par le lieu où l'acte a été passé. Dans le droit actuel toutefois la portée de l'adage est plus limitée et complexe ; son application est faculta-

tive et strictement limitée à la forme de l'acte.
▶ V. pour les actes publics, *Auctor regit actum*

Loi (La) ne dispose que pour l'avenir

Dans notre droit le principe de non-rétroactivité des lois, aux lointaines racines romaines (D. 35,2,1), a d'abord été posé dans la Déclaration des droits de l'Homme de 1789 pour la loi pénale dans le but de soustraire l'individu à l'arbitraire, puis inséré sous l'Empire dans les deux Codes, civil et pénal. Mais le principe n'ayant pas été repris dans la constitution de 1958 renvoyant seulement à la Déclaration de 1789, il n'a valeur constitutionnelle qu'en droit pénal. Dès lors en droit civil il ne s'impose qu'aux tribunaux et non au législateur. Dans les deux cas le principe de non-rétroactivité des lois est d'application très complexe en jurisprudence.

M

Major pars trahit ad se minorem

[La plus grande part attire à elle la plus petite]

Dans le cas où un meuble accroît un autre meuble appartenant à un propriétaire différent au point de ne plus former qu'une chose unique la propriété en revient au propriétaire de la *majors pars* (D. 34,2,19,13). Le principe est repris par le Code civil qui en précise les conditions d'application dans trois hypothèses (adjonction, mélange, spécification) (art. 565-577). Il reste que l'évolution de la vie économique et des techniques actuelles de production en particulier réduit sensiblement la portée pratique de l'adage.

▶ V. aussi *Accessorium cedit principale;*
En fait de meubles la possession vaut titre

Mala fides superveniens non impedit usucapionem

[La survenance de la mauvaise foi ne fait pas obstacle à l'usucapion]

L'adage romain (D. 41,10,4) suppose la bonne foi au point de départ de l'usucapion sans en faire une exigence morale permanente jusqu'à son terme. Notre ancien droit coutumier réclamait une bonne foi continue dans le cas de la prescription abrégée (dix ou vingt ans) mais n'exigeait rien pour la prescription trentenaire. Le Code civil ne réclame la bonne foi (l'ignorance de ne pas acquérir du vrai propriétaire) qu'en cas de prescription abrégée et au seul moment de l'acquisition (art. 2269).

Mala fides superveniens non nocet

[La survenance de la mauvaise foi ne nuit pas]

Ce principe exprimé de manière négative, déjà posé en droit romain (CJ. 7,31, 1,3), attache le bénéfice juridique de la bonne foi pour le titulaire d'un droit au seul moment de la naissance de ce droit sans exiger qu'elle existe de manière continue. Mais s'il est fondamental et d'application très large ce principe souffre cependant dans le droit actuel quelques exceptions, ainsi en matière de surendettement.

Malitia supplet aetatem

[La malignité supplée l'âge]

En droit romain la perversité du comportement faisait perdre le bénéfice de la protection juridique due à l'ignorance caractérisant la minorité (C.J. 2,43,3) : à l'âge de raison le mineur devenait responsable comme un majeur. La jurisprudence actuelle s'en tient à une responsabilité purement objective du mineur (du seul fait de son âge) par équité en faveur de la victime (C. civ., art. 1310), avec cependant en matière pénale une considération de la malignité qui reparait dans l'appréciation de la sanction.

Malitiis non est indulgendum

[Les manœuvres de mauvaise foi ne sauraient attirer l'indulgence]

Principe énoncé dans les sources romaines (D. 6,1,38) et dont, à notre époque, le champ d'application n'a pu que s'étendre considérablement avec la juridicisation croissante de la vie. Dès lors qu'elles sont prouvées les manœuvres de mauvaise foi entraînent la responsabilité et suscitent toute une échelle de sanctions qui vont de la perte d'un avantage à des pénalités, ainsi en matière procédurale ou en matière fiscale.

▶ V. *Bonne foi (la) est toujours présumée* ; *Fraus omnia corrumpit*

Mare liberum

[La (haute) mer est libre]

Au-delà des zones de juridiction nationale, eaux territoriales, la « haute mer » a toujours été entendue, de l'ancien *droit des gens* et depuis Grotius* (XVIIe siècle) au récent *droit international public*, comme un espace de navigation libre et non appropriable. Cependant les récentes possibilités d'exploitation des fonds marins en haute mer ont nécessité l'aménagement d'un régime particulier d'exploitation placé alors sous le contrôle direct d'institutions internationales.

Mater semper certa est

[La mère est toujours certaine]

Inscrit au Digeste (D. 2,4,5) cet adage péremptoire concernant la preuve de la maternité correspondait aux formes de la vie sociale contemporaine : il la fondait sur le fait même de la naissance. Désormais les progrès de la génétique et de la médecine offrent de larges modalités de preuve dans les limites où celle-ci est juridiquement admise.

▶ V. *Partus sequitur ventrem* ;
Pater is est quem nuptiae demonstrant

Mauvais arrangement mieux vaut que bon procès

Mauvais arrangement mieux vaut que bonne querelle

[Le terme « querelle » étant pris ici dans un sens judiciaire]

Depuis des siècles la justice restant réputée lente, coûteuse et à l'issue incertaine, la sagesse populaire en déduisait que même les gens les plus pondérés avaient intérêt à s'entendre au lieu de plaider, fut-ce au prix de sacrifices consentis pour parvenir à un arrangement. La juridicisation de la vie actuelle encombrant les tribunaux, la législation récente encourage les formes procédurales de conciliation et de médiation.

▶ Rappr. *Transigere est alienare*

Mauvais hoir se déshérite

Le droit romain sanctionnait les manquements graves commis par l'héritier à l'égard du *de cujus* en permettant l'exhérédation et par l'indignité (cas d'attentat à sa vie ou de négligence à venger sa mort) qui l'écartaient de la succession. À la suite de notre ancien droit le Code civil (art. 727) a retenu l'indignité, intervenant de plein droit, dans les cas les plus graves (tels l'attentat à la vie ou l'accusation calomnieuse).

Media tempora non nocent

[À l'intérieur des délais les intervalles entre point de départ et point d'arrivée ne nuisent pas]

Ce principe reçu du droit romain (D. 37, 11,1,8) signifie que si la situation au point d'arrivée est identique à celle du point de départ les faits survenus durant le délai sont sans conséquence, ainsi en matière de capacité juridique. En revanche en matière procédurale ne sont comptés dans le délai que les jours ouvrables où l'on peut agir.

Melior est causa possidentis quam petentis

[La position du possédant est plus favorable que celle du revendiquant]

L'adage concerne l'action en revendication mais sa portée reste relative. En matière mobilière le principe « *En fait de meubles possession vaut titre* » écarte l'action mais en supposant chez le possesseur la possession effective et l'acquisition de bonne foi. En matière immobilière le titre de propriété prévaut sur la possession et en l'absence de titre il est possible d'opposer des présomptions contraires (telles le cadastre ou l'imposition) au possesseur.

▶ V. *En fait de meubles la possession vaut titre*

Melius est non solvere
quam solutum repetere

[Mieux vaut ne pas payer que d'avoir à poursuivre la répétition du paiement]

Ce principe romain (D. 16,2,3) n'est pas seulement de bon sens mais tient compte implicitement des charges et risques courus par le débiteur durant le temps écoulé entre paiement et procédure de répétition, à commencer par l'insolvabilité du créancier. Mais le principe peut être d'application très aléatoire, ainsi en matière successorale, tandis qu'il n'est pas admis par le droit fiscal qui exige le paiement en tout état de cause.

Meuble (Le) suit le corps et l'immeuble le lieu où il est assis

Énoncé par Loysel* l'adage suivait la doctrine médiévale, d'où en matière de succession pour les immeubles le statut réel (coutume du lieu d'implantation) et pour les meubles le statut personnel (coutume du domicile du *de cujus*). La jurisprudence contemporaine suit ici l'ancien droit pour les successions d'étrangers avec les complications résultant de la dévolution de biens meubles à partir du dernier domicile du défunt.

Meubles n'ont pas de suite
Meubles n'ont pas de suite par hypothèque

La pratique romaine connaissait le gage sans dépossession sur l'ensemble des choses corporelles devenant, avec droit de suite et droit de préférence, l'hypothèque. L'ancien droit coutumier excluait les meubles du droit de suite, d'où l'expression complétée et définitive de l'adage repris dans le Code civil (art. 2119). Mais pour les besoins récents de crédit à partir d'importants biens mobiliers (fonds de commerce, navires et autres) ont été instaurées autant d'exceptions au principe par la constitution de gage sans dépossession avec droit de suite fondé sur une publicité.

Meubles sont le siège des dettes

Dans la conception médiévale les meubles prolongeaient la personne :

saisie des meubles et contrainte par corps garantissaient les créanciers. La pratique notariale a développé aussi l'engagement sur tous les biens du débiteur. Le Code civil en a repris le principe : l'engagement sur tous les biens, meubles et immeubles, présents et à venir (art. 2092). Mais le droit actuel garde une préférence pour l'exécution en priorité sur les meubles, procédure plus simple en pratique que la saisie immobilière.

Mieux vaut gaige en arche que pleige en place

[Il est plus sûr de détenir un gage dans une armoire (*arche*) que d'avoir la caution d'une personne (*pleige*)]

▶ V. *Plus cautionis est in re quam in persona*

Mobilia non habent sequelam

[Meubles n'ont pas de suite]

▶ V. *Meubles n'ont pas de suite par hypothèque*

Adages et maximes du droit français

Mobilia sequuntur personam

[Les meubles suivent la personne]

▶ V. *Meubles sont le siège des dettes ;* Rappr. *Qui s'oblige oblige le sien*

Mobilium vilis possessio

[La possession des meubles est vile]

▶ V. *Res mobilis res vilis*

Mort (Le) saisit le vif son hoir le plus proche et habile à lui succéder

Ultime survivance de l'ancienne saisine coutumière dans le Code civil (art. 724) la saisine héréditaire permet à l'héritier d'entrer sans solliciter l'envoi en possession dans les biens héréditaires, donc sans solution de continuité du fait de la succession.

Morte ma fille, mort mon gendre

Cet adage d'ancien droit ainsi énoncé par Loysel* rappelait que la mort de l'épouse entraînant la fin de l'alliance l'époux perdait la qualité de gendre avec les conséquences juridiques importantes vis-à-vis des beaux-parents. Une trace de l'adage subsiste dans le Code civil (art. 206) mais seulement en l'absence d'enfant né du mariage et sans que l'alliance entraîne les mêmes conséquences rigoureuses que la parenté. La jurisprudence reste très nuancée devant la complexité des situations.

N

Ne dote qui ne veut

Dans l'ancien droit l'obligation de doter les enfants, d'origine romaine, fut observée dans les pays méridionaux, de droit écrit. Cet adage rapporte l'usage contraire des pays de coutume qui a été repris par le Code civil (art. 204) : l'enfant n'a pas d'action contre ses parents pour réclamer un établissement par mariage ou autrement et la jurisprudence considère la constitution de dot comme une libéralité.

Ne lites fiant pene immortales

[Que ne puisse se produire la prolongation indéfinie des procès]

En droit romain la préoccupation de protéger les justiciables contre la négligence ou la chicane délibérée avait déjà suscité la péremption d'instance au-delà d'un certain délai (C.J. 3,1,13). Diversement traitée dans l'ancien droit, l'institution a été unifiée avec rigueur par le Code de procédure civile. Ne serait-ce que pour désengorger les juridictions le droit actuel est exigeant quant au devoir de diligence.

Ne procedat judex ex officio
[Le juge ne doit pas procéder d'office]

Cet adage signifie de manière générale que le pouvoir juridictionnel relevant de la mission du juge ne lui permet pas en matière civile de se saisir lui-même du contentieux entre les plaideurs ni même de dépasser les limites des prétentions qui lui sont soumises. En matière administrative il doit être saisi par le plaideur. En matière pénale la saisine du juge d'instruction dépend du procureur de la République.

Nécessité n'a loi, foi ni roi

D'après cet adage, rappelé par Loysel*, est admissible en droit l'accomplissement, dans une situation de nécessité qui en est la justification, d'un acte contraire à la loi dont l'effet est alors suspendu. Mais la question demeure de délimiter juridiquement le concept de nécessité alors que la civilisation actuelle ouvre à cet adage un champ toujours plus large bien au-delà du droit pénal, en droit privé comme en droit public.

Neminem cum alterius detrimento fieri locupletiorem

[Nul ne peut s'enrichir au détriment d'autrui]

▶ V. *Jure naturae aequum est neminem cum alterius detrimento et injuria fieri locupletiorem*

Neminem laedit qui suo jure utitur

[Celui qui use de son droit ne lèse personne]

Si les Romains posaient primitivement le principe que l'exercice d'un droit par son titulaire ne saurait être coupable

(D. 50,17,55), tardivement le doute est cependant venu à partir de l'intention et des modalités de cet exercice. Au XIXe siècle a été dégagée en jurisprudence et discutée en doctrine la notion d'abus du droit avec toutes les nuances qui apparaissent alors dans la mesure où un acte demeurant formellement dans les limites légales n'en est pas moins susceptible de nuire.

Nemini res sua servit

[Personne ne peut avoir de servitude sur sa propre chose]

L'adage d'origine romaine (D. 8,2,26) tire la conséquence de la nature même de la servitude qui constitue un droit réel sur la chose d'autrui et suppose l'existence de deux fonds appartenant à des propriétaires différents (C. civ., art. 637). Dès lors la réunion des deux fonds entre les mêmes mains éteint le droit de servitude mais uniquement pendant la durée de cette situation.

Nemo alteri stipulari potest

[On ne peut stipuler pour autrui]

La stipulation pour autrui est une convention par laquelle le stipulant fait promettre au cocontractant l'accomplissement d'une prestation au profit d'un tiers. Interdite en principe en droit romain (D. 45,1,38) faute d'intérêt pour le stipulant, par commodité des exceptions avaient cependant restreint l'interdiction. Le Code civil (art. 1119-1121) a repris la nullité de principe mais avec des exceptions que la jurisprudence étend dans de nombreux domaines (assurances, transports etc.) pour répondre aux besoins de la vie contemporaine.

Nemo auditur perire volens

[Celui qui s'exprime avec la volonté de mourir ne doit pas être entendu]

Cet adage vient d'un texte d'Ulpien* concernant l'aveu qui, pouvant être suscité par la peur, n'est pas toujours fiable (D. 48,18,1,27). D'où notre ancien droit cherchait pour les crimes graves à compléter l'aveu par des indices importants, système des « preuves légales », plus exactement des preuves objectives. Avec la Révolution, en 1791, ce système a été remplacé par celui de la preuve morale, c'est-à-dire l'intime conviction : l'aveu, comme les autres éléments de preuve, est laissé à la *libre appréciation des juges*.

Nemo auditur propriam turpitudinem allegans

[Celui qui invoque (en justice) sa propre turpitude ne doit pas être entendu]

▶ V. *In pari causa turpitudinis cessat repetitio*

Nemo causam possessionis sibi mutare potest

[Nul ne peut changer lui-même la cause de sa possession]

Adage d'origine romaine (D. 41,2,19,1) repris par le Code civil (art. 2240) signifiant que l'on ne peut par sa simple volonté changer le titre auquel on possède le bien : si le titre découle d'une obligation contractuelle de restitution le possesseur ne peut être présumé propriétaire ni prétendre acquérir la propriété par la prescription.

Nemo censetur ignorare legem

▶ V. *Nul n'est censé ignorer la loi*

Nemo contra se edere tenetur

[Nul n'est tenu de produire contre lui-même]

Adage selon lequel un plaideur ne peut exiger de son adversaire de fournir des preuves qui iraient contre l'intérêt de ce dernier, c'est-à-dire que l'adversaire produise contre lui-même. Mais si en droit pénal l'accusé est dispensé de prêter serment à l'interrogatoire, en revanche le droit actuel s'écarte sensiblement de ce principe dans le Code de procédure civile (art. 11) pour la production des preuves. Quant au droit fiscal il ignore cet adage.

▶ V. *Confessio dividi non debet*

Nemo damnum facit qui suo jure utitur

[Nul ne cause de dommage en usant de son droit]

▶ V. *Dolo non facit qui suo jure utitur*

Nemo in rem suam auctor esse potest

[Nul ne peut officier en sa propre cause]

Inspiré par le droit romain (D. 26,8,1) l'adage signifie que celui qui est investi d'une autorité doit s'abstenir de l'exercer dès lors que ses propres affaires sont en jeu. L'application en est très vaste dans le droit actuel : il s'agit des diverses formes d'autorité et même des affaires personnelles où l'intérêt du titulaire de l'autorité n'est qu'indirect.

Nemo judex in re sua

[Nul ne peut être juge en sa propre cause]

Ce principe clairement énoncé dans le Code de Justinien (3,5,1) tend à garantir la sérénité et l'impartialité de la justice à l'égard des parties au procès. Le droit actuel étend cette protection de l'échelon individuel (incompatibilités, incapacités avec la garantie d'une éventuelle récusation du juge) à l'échelon juridictionnel (renvoi à un autre tribunal).

Adages et maximes du droit français

Nemo judex sine actu

[Nul ne peut être juge sans acte (sans demande en justice préalable)]

▶ V. *Ne procedat judex ex officio*

Nemo potest ex suo delicto consequi emolumentum

[Nul ne peut tirer profit (*emolumentum*) de son délit]

L'application de cet adage inspiré par le droit romain (D. 50,17,134) est très large et se traduit dans le droit actuel par des sanctions diverses. Il intervient dans le domaine proprement pénal, par excellence à propos du vol ou de l'escroquerie. Il s'étend aussi au domaine civil à partir de la faute délibérée procurant un avantage indu, cela particulièrement en matière successorale.

Nemo praecise cogi potest ad factum

[Nul ne peut être contraint à faire quelque chose]

Cet adage inspiré du droit romain pose le principe qu'en cas d'inexécution d'une obligation de faire le débiteur ne peut y être contraint par la force. Clairement formulé au XVIe siècle et partiellement fondé sur des raisons d'ordre public (éviter la violence), ce principe a été repris par le Code civil : l'obligation de faire se résout alors par équivalent, en dommages et intérêts (art. 1142). Mais le droit actuel est revenu à l'exécution en nature et ne retient plus l'exécution par équivalent que par exception.

Nemo praestat casus fortuitos

[Nul ne répond du cas fortuit]

L'adage venant du droit romain (D. 44,7, 1,4) admettait l'exonération de responsabilité pour la perte d'une chose par la survenance d'un événement irrésistible et le concept de force majeure a été repris dans notre ancien droit. Le Code civil (art. 1148) ayant associé les deux concepts de force majeure et de cas fortuit, la jurisprudence a précisé les conditions nécessaires pour que la contrainte subie soit valablement exonératoire. En revanche les effets diffèrent en matière pénale de même qu'en droit public.

Nemo punitur pro alieno delicto

Le Haut Moyen Âge avait connu responsabilité pénale et peine collectives, en particulier dans le domaine familial ; mais avec la renaissance du droit romain impérial, relayée par le droit canonique, le retour à l'idée générale d'individualisation de la responsabilité a entraîné en conséquence celle de la peine : *le châtiment suit le coupable* (D. 47,1,1,2) ; ainsi le fils ne pouvait être tenu responsable du crime du père, de même le père ne pouvait répondre des méfaits du fils, sauf toutefois si pouvait lui être imputé un défaut d'éducation ou de surveillance.

▶ V. aussi *Noxa caput sequitur*

N'est héritier qui ne veut

À l'encontre du droit romain qui rendait certains héritiers *nécessaires* (n'ayant pas à manifester leur volonté d'hériter mais ne pouvant non plus refuser la succession), l'ancien droit accordait à tout héritier cette faculté de refus selon cet adage retenu par Loysel*. Ce principe est repris par le Code civil (art. 775) qui n'exige aucun acte d'acceptation et confère à l'héritier la saisine de plein droit tout en lui laissant la possibilité de renoncer à la succession.

Nocens nisi accusatus fuerit condemnari non potest

[Un malfaiteur, s'il n'est pas accusé, ne peut être condamné]

Cet adage proféré par Cicéron (plaidoyer *Pro Roscio*) relevait de « l'accusation populaire » caractéristique des institutions de la république romaine : chaque citoyen, en tant que tel étant responsable de l'ensemble de l'ordre public, pouvait exercer un ministère public en portant l'accusation. Dans le droit actuel et depuis le Moyen Âge ce ministère public est exercé seulement par les magistrats du parquet représentant la justice publique.

Non alienat qui occasionem acquirendi omittit

[N'aliène pas celui qui a négligé une possibilité d'acquérir]

Cet adage qui s'inspire du droit romain (D. 50,16,28) a trait à l'action paulienne par laquelle le créancier peut obtenir la révocation des actes accomplis par son débiteur dans le but de diminuer son patrimoine en fraude des droits de ses créanciers (C. civ., art. 1167). Le refus de s'enrichir n'entraînant pas un appauvrissement sort du champ de l'action paulienne ; cependant l'appauvrissement peut résulter de la renonciation à une succession échue ou au bénéfice de l'usucapion ouvrant alors aux créanciers la possibilité d'agir.

Non bis in idem [crimen]

[Il ne peut y avoir qu'une seule poursuite pour une même infraction]

Ce principe romain (D. 49,2,7,2) reçu dans l'ancien droit, repris à travers les lois révolutionnaires, a été enfin introduit dans le Code de procédure pénale (art. 6 et 368). Une personne acquittée légalement ne peut plus être inquiétée pour les mêmes faits, même sous une qualification différente ; l'autorité de la chose jugée entraîne l'extinction de l'action publique. Mais si l'effet est définitif devant la juridiction de jugement (sous réserve de triple identité d'objet, de parties et de cause), il ne l'est pas totalement devant la juridiction d'instruction (non-lieu pouvant être remis en cause par de nouvelles charges).

▶ V. *Bis de eadem re ne sit actio*

Non fatetur qui errat

[Une réponse fondée sur une erreur ne peut être retenue comme un aveu]

L'aveu fait en justice est irrévocable sauf à apporter la preuve de l'erreur de son auteur. Du moins le droit romain (D. 42, 2,2 exactement : *Non fatetur qui errat, nisi jus ignoravit*), repris ici par le Code civil (art. 1356), distinguait-il l'erreur qui atteint la véracité du fait, laquelle justifie une rétractation, et l'erreur ne portant pas sur le fait, dont la véracité demeure ainsi établie, mais sur le droit l'aveu étant alors irrévocable.

Non jus deficit sed probatio

[Ce n'est pas le droit qui est défaillant mais sa preuve]

Cet adage sépare clairement le droit subjectif de sa preuve. Si la vie juridique la réclame, celle-ci ne se confond pas avec le droit qui existe par lui-même. Ainsi en est-il d'un écrit atteint de nullité pour vice de forme, qui pourra cependant constituer un commencement de preuve par écrit ouvrant alors la voie à la preuve par témoins ou par présomptions.

Non omne quod licet honestum est

[Tout ce qui est permis n'est pas toujours honnête]

Cet adage repris au Digeste (50,17,144) se situe aux limites du droit et de la morale. Il prend tout son sens dans les cas où ce qui est permis selon le droit peut n'être pas honnête selon la morale, c'est-à-dire licite au for externe (la loi) mais condamnable au for interne (la conscience). La question a été la source d'une longue réflexion doctrinale, particulièrement avec l'École du droit naturel.

▶ V. *Juris praecepta sunt haec : honeste vivere, neminem laedere, suum cuique tribuere ; Jus est ars boni et aequi*

Noxa caput sequitur

[Le châtiment suit la personne du coupable]

Déjà posé au Digeste (47,1,1,2) l'adage se détournait des usages de responsabilité collective des sociétés primitives. Ce principe romain de la *personnalité des peines* s'est imposé dans le droit médiéval encore que d'anciens usages coutumiers y aient subsisté. Défendu par la philosophie des Lumières au XVIIIe siècle, avec la Révolution il a été un fondement de la législation et de la codification du droit pénal. Encore ce principe n'est-il pas absolu dans le droit actuel et se distingue-t-il de celui de la responsabilité pénale du fait d'autrui.

▶ V. aussi *Nemo punitur pro alieno delicto*

Nuda pactio obligationem non parit

[Le pacte nu n'engendre pas d'action]

▶ V. *Ex nudo pacto non nascitur actio*

Nudus usus id est sine fructus

[L'usage nu s'entend sans la jouissance du fruit]

Cet adage énoncé au Digeste (7,8,1) limitait l'usage qui était le service de la chose sans le droit aux fruits. Toutefois la jurisprudence romaine reconnaissait à l'usager d'un fonds rural d'y percevoir des fruits pour sa subsistance et celle de sa famille, le rapprochant ainsi de l'usufruit ; était aussi aménagé le droit d'habitation. Le Code civil (art. 630) a reçu ces solutions romaines qui sont d'ailleurs étendues par le droit actuel en développant l'encadrement juridique des usages.

Nul en France ne plaide par procureur hormis le roi

Le droit romain primitif obligeait les parties à plaider en personne (Inst. J, 4,10), donc à être présentes ce qui n'était pas toujours possible ; aussi le droit classique admettait des formes de représentation en justice. L'interdiction de plaider par procureur reprise par le droit médiéval, à laquelle échappait le prince, n'a disparu en France qu'au XVIe siècle. L'adage s'est cependant maintenu mais en changeant de sens : le plaideur ne saurait se dissimuler derrière un mandataire qui agirait sous son propre nom sans laisser paraître celui de son mandant. Dès lors l'adage garde encore une part d'intérêt pratique, la vie sociale et économique actuelle ayant suscité de multiples aménagements de la représentation en justice.

▶ V. *Avocat (L') a la voix, le procureur la plume*

Nul n'a le droit de faire justice à soi-même

Cet adage d'ancien droit inspiré du droit romain (C.J. 3,5) écarte la justice privée et pose le principe du recours nécessaire à la justice publique, à celle de l'État. Même si ce monopole de l'État tolère par exemple l'arbitrage, celui-ci n'en est pas moins réglementé et contrôlé. Mais la question pénale majeure reste de délimiter l'acte de justice privée rendue à soi-même et l'acte de simple défense qui peut être considéré comme réaction légitime (la légitime défense).

Nul n'est censé ignorer la loi

La République romaine connaissait des lois non contraignantes, sans sanction, mais le droit de l'Empire avait posé le principe que l'ignorance de la loi portée à la connaissance des citoyens n'était pas excusable (D. 22,6,7). L'adage garde encore sa justification dès lors que le droit actuel organise la publication des lois encore que la multiplication des textes en rende la portée bien aléatoire. Mais, garant de l'application de la loi, il en rappelle surtout la valeur d'acte du pouvoir souverain.

Nul n'est contraint d'accepter

[Nul n'est contraint d'accepter (*une offre*)]
L'adage aux racines romaines (C.J. 3,7) repose sur le principe de l'autonomie de la volonté préservant la liberté d'ac-

cepter ou de refuser les conséquences juridiques de l'offre, donc de s'engager dans un rapport de droit. Il reste actuel : ainsi de nos jours l'offre publicitaire suscite une large législation protectrice du consommateur en lui ménageant un délai de réflexion.

Nul n'est tenu de rester dans l'indivision

Le droit romain dont l'indivision était une institution primitive en avait très tôt prévu le partage en posant ce principe pour éviter les conséquences de désaccord entre coïndivisaires. Le Code civil (art. 815) l'a repris en matière successorale essentiellement. Mais les réalités de la vie économique moderne ont suscité pour maintenir l'équilibre entre les divers intérêts une large législation à la fois sur le partage et sur la sortie de l'indivision.

Nul ne reçoit la chose d'autrui qu'il n'en doive rendre compte

Essentiellement de droit privé cet adage d'ancien droit retenu par Loysel*, repris par le Code civil (art. 1993), concerne la gestion qu'assure une personne des biens d'autrui qu'elle a la charge d'administrer, situation très fréquente à commencer par la gestion d'affaires. La procédure de reddition de compte est alors très réglementée.

Nulle partie ne peut être jugée sans avoir été entendue ou appelée

▶ V. *Audiatur et altera pars*

Nullum crimen nulla poena sine lege

[Nul crime, nulle peine qui ne soient fondés sur une loi]

Cet adage ainsi formulé au cours du XIXe siècle reprenait le principe de la légalité des incriminations et des peines posé par les articles 7 et 8 de la Déclaration des droits de l'Homme et du citoyen (26 août 1789).

Nullus idoneus testis in re sua intelligitur

[Nul ne peut être un témoin idoine (*approprié et suffisant*) dans sa propre cause]

Cet adage romain (D. 22,5,10) pose en principe que les deux qualités de partie et de témoin ne sauraient se confondre sur la personne du plaideur. En revanche le Code de procédure pénale (art. 105) décide que « les personnes à l'encontre desquelles il existe des indices graves et concordants d'avoir participé aux faits dont le juge d'instruction est saisi ne peuvent être entendues comme témoins », ce qui assure la présence d'un avocat dès le début de la comparution.

Nullus videtur dolum facere qui suo jure utetur

[On ne saurait commettre un dol en usant de son droit]

▶ V. *Dolo non facit qui suo jure utitur*

O

Obligatio contrario consensu dissolvitur

[L'obligation est dissoute par volonté contraire]

La rupture des contrats en droit romain réclamait le parallélisme des formes pour les contrats solennels et admettait le seul fait du désaccord mutuel pour les contrats consensuels. Le consensualisme étant devenu le droit commun le Code civil (art. 1134) retient le principe : la résiliation du contrat ne peut intervenir que par consentement mutuel mais il y ajoute toutefois les cas où la loi autorise la résiliation par la volonté de l'une des parties, ainsi du *droit de repentir*.

Odiosa sunt restringenda

[Les dispositions odieuses doivent être interprétées restrictivement]

▶ V. *Poenalia sunt restringenda*

Omne quod inaedificatur solo cedit

[Tout ce qui est édifié s'incorpore au sol]

▶ V. *Superficies solo cedit*

Omnia constituta non praeteritis calumpniam faciunt

[Toutes dispositions ne peuvent porter préjudice aux situations passées (en y projetant rétroactivement les subtilités du droit)]

▶ V. *Loi (La) ne dispose que pour l'avenir*

On lie les bœufs par les cornes et les hommes par les paroles

[Cet adage énoncé par Loysel* exprime le principe du consensualisme selon lequel l'accord des volontés à lui seul suffit à donner vie juridique à la convention]

▶ V. *Autant vaut une simple promesse ou convenance que les stipulations du droit romain*

Adages et maximes du droit français

On n'a pas plus tôt vendu la chose qu'on n'y a plus rien

L'adage énoncé par Loysel* pose en principe que, contrairement au droit romain, le contrat de vente à lui seul opère le transfert de propriété. Reprenant ce principe le Code civil (art. 1583) précise que ce transfert est l'effet immédiat de l'échange des consentements en dehors même de la livraison du bien et du paiement du prix ; mais les parties n'en peuvent pas moins décider du moment du transfert à leur convenance.

Onus probandi incumbit actori

[La charge de la preuve incombe au demandeur]

▶ V. *Actori incumbit probatio*

Où la loi fault l'usage prévaut

Le système juridique français est par principe légaliste depuis l'abolition des coutumes avec la promulgation du Code civil en 1804. Mais la coutume et l'usage y gardent encore une place : le législateur ne peut pas tout prévoir et d'ailleurs le Code civil lui-même fait plusieurs fois référence à l'usage. C'est alors à la jurisprudence de le consacrer lorsqu'il complète la loi ou en compense l'absence. L'adage trouve aussi une place dans d'autres domaines, particulièrement en droit constitutionnel. C'est encore par un processus coutumier que s'est fondé et développé le droit international public.

▶ V. *Consuetudo legis habet vigorem*

P

Pacta sunt servanda

[Les pactes doivent être respectés]

Adage de droit canonique fondé sur l'obligation morale du respect de la parole donnée, repris par l'École du droit naturel analysant la volonté elle-même comme source de droit, et consacré par le Code civil (art. 1134) : « Les conventions légalement formées tiennent lieu de loi à ceux qui les ont faites », d'où la doctrine a tiré la force obligatoire du contrat, l'immutabilité de l'accord des volontés, l'égalité des contractants dans leur engagement. Mais dans l'évolution récente du droit des contrats cet adage s'efface devant de nombreux aménagements apportés sur des fondements divers, par exemple la protection du consommateur.

▶ V. *Ex nudo pacto non nascitur actio* ; *Rebus sic stantibus*

Paiement (Le) est le prix de la course

L'adage, inspiré par le droit romain (D. 42,8,6,7), ne concerne que la déconfiture du débiteur civil laquelle ne comporte pas de procédure collective de liquidation. Les créanciers chirographaires n'ont que la ressource d'une poursuite individuelle dépendant de leur seule vigilance (C. civ., art. 2093) ; ce système est traditionnellement désigné comme « le prix de la course ». Cependant le droit actuel pour réduire cette rigueur introduit un minimum de procédure pour le désintéressement des créanciers en matière de surendettement.

Paria est non esse et non probari

[Ne pas exister ou ne pas être prouvé revient au même]

▶ V. *Idem est non esse et non probari*

Partus sequitur ventrem

[« Le part (l'enfant) suit le ventre » : l'enfant suit la condition juridique de la mère]

Le droit romain rattachait la condition civile de l'enfant (libre ou esclave) à celle de la mère quelle que soit celle du père. Dans le droit actuel cet adage ne concerne plus que les cas de filiation naturelle où l'enfant peut être rattaché au père ou à la mère selon l'acte de reconnaissance. Mais les découvertes de la médecine en matière de procréation peuvent susciter des situations complexes au regard du droit.

▶ V. *Mater semper certa est*

Pas de nullité comminatoire

L'ancien droit connaissait les nullités comminatoires, le juge appréciant les vices de forme susceptibles d'entraîner la nullité des actes. Le Code de procédure civile (art. 1029) au contraire a posé le principe des nullités péremptoires, s'imposant au juge qui doit appliquer la loi et écartant l'arbitraire. Cependant la nullité pouvant être provoquée par une manœuvre déloyale le droit actuel apporte des exceptions à la rigueur du principe.

Pas de nullité sans grief

Adage de procédure : le juge ne pourra déclarer la nullité d'un acte que s'il est prouvé que l'irrégularité de forme invoquée a effectivement causé un dommage à la partie qui l'oppose. Si la régularité formelle est la garantie du justiciable, il faut en même temps décourager la chicane et de ce point de vue l'appréciation du juge est aussi nécessaire.

Pas de nullité sans texte

En fait la nullité des actes juridiques peut intervenir dès lors que la loi a posé des conditions de validité sans pour autant que le texte énonce la sanction qui est alors implicite : le non-respect de ces conditions entraîne la nullité des actes. Mais en matière de procédure particulièrement, la rigueur nécessaire en tant que garantie des justiciables impose que la nullité n'intervienne que si elle est formellement inscrite dans la loi.

Pas d'intérêt pas d'action

Le but de l'adage d'ancien droit repris dans le droit actuel (C. pr. civ., art. 31), posant le principe de l'irrecevabilité de l'action à laquelle le demandeur n'a aucun intérêt, est d'éviter l'encombrement de la justice par des actions inconsidérées ou la chicane. Cependant les limites de l'intérêt doivent être précisées : intérêt juridique et légitime, né et actuel, direct et personnel.

Pater is est quem nuptiae demonstrant

[Le mariage suscite la présomption de paternité à l'égard du mari]

Le droit romain (D. 2,4,5) fondait la filiation légitime sur la double présomption biologique et juridique désignant le père auquel était permis d'apporter la preuve contraire (par absence, maladie, impuissance). Le Code civil (art. 312) ayant conservé la présomption avec possibilité de désaveu par le père, en a précisé certaines limites (ainsi, de la durée de la gestation). Le droit actuel rencontre d'autres questions avec les progrès de la médecine.

Paterna paternis materna maternis

[Les biens du père vont aux parents paternels et ceux de la mère aux parents maternels]

Dans l'ancien droit les pays de coutumes divisaient ainsi la succession aux immeubles propres en l'absence de descendants tandis que les pays de droit écrit suivaient le système romain d'unité de la masse successorale dont le principe est repris par le Code civil (art. 732) : « la loi ne considère ni la nature ni l'origine des biens pour en régler la succession ».

Plume (La) est serve mais la parole est libre

Cet adage d'Ancien Régime rappelait la situation des magistrats du Parquet, procureur et avocats du roi, qui devaient dans les conclusions écrites respecter les instructions reçues du garde des Sceaux ministre de la Justice, et retrouvaient la liberté de parole à l'audience.

▶ V. *Avocat (L') a la voix, le procureur la plume ; Nul en France ne plaide par procureur hormis le roi*

Plurimae leges pessima respublica

[Trop de lois font la plus mauvaise république]

Cette réflexion morale de Tacite, dans ses *Annales* (vers 115 ap. J.C.), était déjà très dure. Que dirait-il devant les milliers de textes de l'excessive abondance actuelle d'une production législative et réglementaire émanant au jour le jour d'assemblées et de ministères parfois même sans mémoire ? Alors que « nul n'est censé ignorer la loi » ?

Plus cautionis in re est quam in persona

[Il y a plus de garantie à attendre d'une chose que d'une personne]

L'adage contenu au Digeste (50,17,25) traduit l'expérience romaine où est apparue pour le créancier la plus grande sécurité, celle des sûretés réelles par rapport à celle des sûretés personnelles. De même le droit actuel, à côté du cautionnement, a surtout développé les sûretés réelles essentiellement avec l'hypothèque emportant droit de préférence et droit de suite.

Plus valet quod agitur quam quod simulatur

[L'acte ostensible l'emporte sur l'acte occulte]

▶ V. *Simulata valent dissimulata non valent*

Poenalia sunt restringenda

[Les peines sont d'interprétation stricte]

Si l'interprétation par le juge est inévitable, elle appelle des limites. Le Jurisconsulte Paul (D. 50,17,155) professait que dans les causes pénales l'interprétation devait être bienveillante. L'adage, reçu en droit canonique, puise actuellement sa force dans le principe de légalité des délits et des peines pour le respect de la liberté individuelle. Mais, la loi ne pouvant tout prévoir, le juge peut être amené, en demeurant dans le cadre formel du texte, à sanctionner des formes de délinquance inédites, suscitant alors une nouvelle intervention législative.

▶ V. aussi *Doute (Le) profite à l'accusé*

Possessio rei mobilis est vilis

[La possession d'une chose meuble est vile]

▶ V. *Res mobilis res vilis*

Praesumptio sumitur de eo quod plerumque fit

[La présomption se fonde sur l'observation de ce qui arrive ordinairement]

La présomption est un mode de raisonnement qui intervient dans la recherche de la vérité et dans l'impossibilité d'établir une preuve directe : on tire alors indirectement une preuve de ce qui arrive généralement en pareil cas. Suivant le droit romain le Code civil (art. 1349) distingue entre la présomption du fait de l'homme (le juge) et celle établie par la loi.

Prior tempore potior jure

[Premier en date, meilleur en droit]

La délimitation chronologique est essentielle pour l'application des règles juridiques. Notre ancien droit a trouvé dans le droit romain des principes venant de l'expérience : ici s'agissant des droits invoqués par deux créanciers hypothécaires sur un même immeuble (C.J. 8, 17,3). Le droit actuel (C. civ., art. 2134) détermine la priorité en fonction du moment où les parties ont chacune procédé à la publication de leur titre à laquelle elles sont assujetties pour déterminer leur rang.

Privatorum conventio juri publico non derogat

[La convention privée ne saurait déroger à l'ordre public]

Principe romain (D. 50,17,45) repris par le Code civil (art. 6) : si la convention est la loi des parties elle n'en doit pas moins respecter les lois qui intéressent l'ordre public et les bonnes mœurs. Or parce que ce dernier est censé protéger les droits et libertés individuels, l'évolution actuelle de la vie sociale et économique en particulier pousse au développement de plus en plus large de ce concept en suscitant l'extension des causes de nullité.

Privilegia non ex tempore aestimantur sed ex causa

[L'ordre de classement des privilèges repose non sur le temps mais sur la qualité de la créance]

Inspiré par cet adage romain (D. 42,5,32) le Code civil (art. 2096) définit le privilège comme un droit attaché à la qualité de la créance assurant au créancier la préférence sur les autres créanciers, même hypothécaires. L'évolution de la vie sociale et économique a suscité la multiplication des privilèges entraînant le besoin de classement entre eux.

Probatio incumbit ei qui dicit non qui negat

[La charge de la preuve repose sur celui qui allègue non sur celui qui dénie]

▶ V. *Actori incumbit probatio*

Propriétaire (Le) peut contraindre son hôte de garnir sa maison de meubles

Adage coutumier inspiré du droit romain (D. 20,2,4), retenu par Loysel* et reçu dans le Code civil (art. 1752 et 2102) : en l'absence d'autres sûretés, le gage sur les meubles installés par le locataire dans les lieux loués constitue la garantie du propriétaire pour le paiement des loyers. Mais encore faut-il pouvoir contraindre le locataire à garnir les lieux de meubles ; pour cela le droit actuel a développé les garanties procédurales à la disposition du propriétaire.

Protestatio non valet contra actum

[La valeur de l'acte est plus grande que celle de la protestation (verbale)]

Cette maxime rappelle la supériorité de la preuve littérale sur la preuve orale, principe retenu par le Code civil (art. 1341). Mais la preuve orale n'étant pas admise contre l'écrit, encore faut-il, dans le cas de l'acte sous seing privé, que la sincérité ou la validité de l'acte ne puisse pas être suspectée.

Q

Quae in fraudem creditorum alienata sunt revocantur

[Ce qui est aliéné en fraude des créanciers est sujet à restitution]

Adage romain (D. 22,1,38,4), fondement de l'*action paulienne,* repris par le Code civil (art. 1167). Le patrimoine du débiteur étant le gage des créanciers, cette action permet à l'un d'eux de faire déclarer nuls à son égard les actes d'aliénation passés par le débiteur pour amoindrir son patrimoine frauduleusement. Mais les conditions d'exercice de l'action tendent nécessairement à protéger aussi les intérêts des tiers acquéreurs.

▶ Rappr. *Fraus omnia corrrumpit*

Qui a droit de puisage a droit de passage

Inspiré du droit romain (D. 8,3,3) l'adage signifie que, particulièrement en cette matière, la création d'une servitude comporte nécessairement l'accessoire pour son utilisation, principe repris par le Code civil (art. 696). Mais si les propriétaires des fonds, dominant et servant, doivent respecter ces limites, la jurisprudence peut être amenée à les interpréter en fonction de l'évolution économique.

Qui a plumé l'oie du roi cent ans après en rend la plume

L'adage repris par Loysel* traduit les deux principes d'inaliénabilité et d'imprescriptibilité que l'ancien droit avait introduit à l'égard du *domaine royal*. À l'intérieur du *domaine national* créé sous la Révolution, la jurisprudence a maintenu ces deux principes pour le seul *domaine public* (*de protection*) et non pour la partie considérée comme le *domaine privé* (*de profit*).

Qui auctor est se non obligat

[Qui autorise ne s'oblige pas]

Adage inspiré du droit romain (D. 26, 8,5), principe retenu par le Code civil (art. 508 et s.) : la personne appelée à donner à une autre l'autorisation de passer un acte juridique, en particulier pour la protection des incapables, n'est pas partie à l'acte mais seulement responsable de l'accomplissement de sa mission.

Qui cum alio contrahit non debet esse ignarus conditionis ejus

[Qui contracte avec une autre personne ne doit pas ignorer la condition de son partenaire]

Cet adage inspiré du droit romain (D. 50, 17,19) pose le principe que le droit ne saurait couvrir la légèreté de celui qui s'engage sans tenter de connaître la personnalité du cocontractant. Mais dans les conditions actuelles de vie sociale et économique le droit pose des principes de protection des usagers pour faciliter la difficile recherche de l'information.

Qui doit garantie ne peut évincer

Cet adage d'origine romaine (D. 21,3,1 et 21,2,17) pose le principe de l'obligation pour le vendeur de respecter son engagement de procurer à l'acquéreur jouissance et propriété de la chose objet du contrat. Il ne peut y apporter de son fait aucun trouble de droit comme de fait (C. civ., art, 1628). La jurisprudence attache à cette obligation de garantie un caractère indivisible.

Qui fait l'enfant doit le nourrir

Sous l'influence du droit canonique, cet adage de droit coutumier concernait l'enfant naturel dont la filiation pouvait être établie librement et qui était selon la coutume « hors de pain » (hors de la famille). Mais Loysel* précisait la position de l'Ancien Droit : si la jurisprudence obligeait son géniteur à le nourrir cela n'entraînait pas d'autre conséquence juridique. L'interdiction de la recherche de paternité naturelle par le Code civil (art. 340) a restreint la portée de l'adage : seuls pouvaient prétendre à des aliments les enfants légalement reconnus. Cependant la jurisprudence, en fonction de l'évolution sociale et s'appuyant sur le fait de la procréation, a à nouveau élargi les possibilités d'aide dans les différentes situations de filiation naturelle y compris à partir de l'évolution de la médecine, tandis que le manquement à l'obligation d'aliments est sanctionnée.

Qui mandat dicitur ipse vere facere

[Qui donne mandat est considéré comme agissant vraiment lui-même]

Adage tiré du droit canonique qui pose le principe de la représentation parfaite : c'est-à-dire que l'exécution du mandat assurée par le mandataire, sous réserve de révéler sa situation et l'identité du mandant, produit immédiatement ses effets sur la personne du mandant comme si ce dernier agissait lui-même.

Qui paie mal paie deux fois

Cet adage repris par Loysel* vise non pas le paiement de l'indu mais celui effectué à tort auprès de la personne qui l'a reçu sans être en mesure de donner valablement quittance. Toutefois le débiteur pourrait être libéré, par exemple, en cas de ratification du paiement par le créancier ou de paiement effectué de bonne foi.

Qui prend l'eau en amont doit la rendre en aval

L'importance du régime des eaux dans la vie sociale a suscité des usages quasiment immémoriaux repris dans le Code civil (art. 641). L'adage rappelle les obligations de propriétaires de terrains traversés ou longés par de simples cours d'eau. Car même en dehors des rivières du domaine public (flottables, navigables), l'eau n'étant pas susceptible d'appropriation privée le propriétaire ne peut qu'en user le long du parcours sur son terrain.

▶ Rappr. *Rivière (La) ôte et donne*

Qui représente assiste

Les deux fonctions de représentation en justice (suivi de la procédure par l'avoué) et d'assistance (plaidoirie assurée par l'avocat) étaient traditionnellement séparées. Elles ont été réunies dans la seule profession d'avocat (loi de 1971). Le Code de procédure civile (art. 413) pose le principe : *le mandat de représentation emporte mission d'assistance*.

▶ V. *Avocat (L') a la voix, le procureur la plume*

Qui s'oblige oblige le sien

Cet adage d'ancien droit coutumier, repris par le Code civil (art. 2092), pose le principe de l'exécution sur l'ensemble du patrimoine, « gage commun des créanciers ». Si le gage est illimité, y compris sur les biens à venir, le principe comporte des aménagements essentiels : protection des créanciers contre les manœuvres d'appauvrissement frauduleux, mais aussi protection du débiteur par l'insaisissabilité de biens nécessaires à sa vie.

Qui tardius solvit minus solvit

[Qui paie tard paie moins]

Cette ancienne maxime souligne que le retard dans le paiement des créances de somme d'argent fait bénéficier le débiteur des revenus du capital dû au-delà de l'échéance et par là au détriment du créancier : ainsi il rembourse moins. D'où le Code civil (art. 1153) confère au créancier le droit d'obtenir une indemnité sans avoir à justifier d'une perte. Mais la législation de protection sociale, ainsi en cas de surendettement, tend à atténuer la rigueur du principe.

Qui vend le pot dit le mot

Loysel* suit ici le droit romain (D. 18,1,21) ; ce principe est repris par le Code civil (art. 1602) : le vendeur faisant la loi du contrat doit définir clairement ce à quoi il s'oblige, dans le doute la convention s'interprète en faveur du cocontractant. Mais l'économie moderne a suscité une législation protectrice du consommateur face aux clauses abusives du vendeur.

▶ Rappr. *Entente (L') est au diseur*

Quod principi placuit legis habet vigorem

[Ce qui plait au prince a force de loi]

Cet adage romain de l'époque classique (D. 1,4,1) traduisant la puissance de l'Empereur fut exploité au XIIIe siècle par les juristes du roi de France qui affirmaient ainsi le pouvoir législatif du souverain. Avec la Révolution le principe de la souveraineté nationale a entraîné le transfert du pouvoir législatif au Parlement. Mais la constitution de 1958 a opéré un partage des compétences normatives en délimitant le pouvoir législatif du Parlement, le gouvernement disposant alors du pouvoir réglementaire.

R

Ratihabitio mandato aequiparatur

[La ratification équivaut à un mandat]

Principe reçu du droit romain (D. 46,3, 12,4), repris par le Code civil (art. 1998) : la ratification confère à l'opération entreprise pour autrui sa pleine validité comme si le représenté en avait donné le pouvoir lui-même lors de la passation de l'acte, donc avec effet rétroactif. Encore faut-il en aménager toutes les conséquences entre les parties : ainsi la ratification libère le représentant mais, par exemple en cas de mandat, elle oblige le mandant pour tous les actes accomplis par le mandataire même au-delà des limites du mandat donné.

Rebus sic stantibus

[Les choses demeurant en l'état]

Adage tiré du droit canonique dans une hypothèse d'ailleurs partiellement abordée par le droit romain pour des raisons d'équité : le contrat étant censé passé en fonction des circonstances présentes, se pose la question d'augmentation imprévisible de la charge, en particulier économique, en cas d'exécution différée. Les conséquences de l'imprévision quasi permanente dans l'économie actuelle sont nécessairement prises en compte et traitées à la fois par le législateur et la jurisprudence ; il en résulte que la diversité des solutions apportées aboutit à un ensemble de règles très complexe.

Recognitio nil dat novi

[La reconnaissance ne confère rien de nouveau]

Cet adage d'ancien droit repris dans le Code civil (*Des actes recognitifs et confirmatifs*, art. 1337, 1338) signifie que l'acte recognitif n'apporte rien de nouveau et que, de ce fait, il ne saurait être substitué à l'acte original si ce dernier existe encore. Aussi, au contraire de l'acte simplement *recognitif* un acte *confirmatif* est susceptible de contenir un élément nouveau, avec cette conséquence particulièrement en matière judiciaire, qu'un jugement déclaratif confère alors l'autorité de la chose jugée à cet élément.

Res inter alios acta aliis neque prodesse neque nocere potest

[La chose convenue entre les parties à l'acte ne peut ni nuire ni profiter aux autres]

Adage inspiré du droit romain (C.J. 7, 60,1) repris par le Code civil : l'article 1165 pose le principe de la relativité du lien contractuel fondé sur l'échange des consentements et n'ayant donc d'effet qu'entre les parties contractantes, mais sous la réserve toutefois de la validité de la stipulation au profit de tiers (art. 1121). Or les relations économiques dans la société actuelle multiplient ces effets à l'encontre du principe de relativité, circonstances que le droit doit alors prendre en compte pour la protection des divers intérêts en présence.

Res judicata pro veritate accipitur

[La chose jugée est tenue pour la vérité]

Le droit romain de l'époque impériale (D. 50,17,207) fondait ce principe d'autorité de la chose jugée sur une raison d'utilité publique : la nécessité d'assurer la stabilité des rapports juridiques. Le Code civil (art. 1350, al. 3) consacre l'autorité que *la loi* attribue à la chose jugée pour écarter ainsi la possibilité de remise en cause indéfinie d'une vérité judiciaire après épuisement des voies de recours. En revanche la réception de l'exception de chose jugée qui en découle exige des conditions fixées rigoureusement par le Code de procédure civile (art. 461, 500).

Res mobilis res vilis

[Chose mobilière chose vile]

L'adage part de la distinction romaine d'après la nature des biens (Inst. Just., 2,6) qui s'imposait à la vie juridique médiévale dans laquelle la terre était l'essentiel de la richesse tandis que les meubles n'y comptaient guère. Mais du XVIII siècle à nos jours le volume de la richesse mobilière sous des formes diverses n'a cessé de croître, renversant l'ancien rapport de valeur : tandis qu'en 1804 le Code civil consacrait encore largement l'importance des biens immobiliers, le droit actuel doit prendre largement en compte toutes les formes de l'élément mobilier.

▶ V. *Meubles n'ont pas de suite par hypothèque ; Meubles sont le siège des dettes ; Mobilia sequuntur personam*

Res nullius primo occupanti

[Les choses sans maître sont au premier occupant]

L'adage d'origine romaine (D. 41,1,3) consacrant l'appropriation suppose à la fois la qualité de bien abandonné ou n'ayant jamais supporté de droit de propriété et un mode de prise de possession qui est l'occupation. Le Code civil (art. 539 et 713) pose le principe de l'appartenance à l'État des biens sans maître, *res nullius*, du moins des immeubles, le statut des choses mobilières (choses abandonnées, épaves, trésor) ayant été parfois précisé par la suite. Du point de vue international la question des territoires sans maître, posée particulièrement par les faits de colonisation, concerne encore d'autres espaces, par exemple polaires.

Res perit debitori

[Le débiteur assume la perte de la chose]

Cet adage romain suivi par le Code civil (art. 1722) traite des risques dans les contrats synallagmatiques sans transfert de propriété d'un corps certain. En cas d'impossibilité pour le créancier d'exécuter son engagement pour cas fortuit l'équité réclame la résolution du contrat pour éviter au débiteur de payer une prestation non reçue. En revanche si l'impossibilité est largement entendue en jurisprudence, en même temps l'équité n'en réclame que plus la protection du débiteur (si l'impossibilité n'est que partielle ou provient d'une faute du créancier).

▶ Rappr. *Res perit domino*

Res perit domino

[Le propriétaire assume la perte de la chose]

Adage de droit naturel concernant les risques dans les contrats translatifs de propriété, repris dans le Code civil (art. 1138) : l'obligation de livrer la chose vendue est parfaite par l'échange des consentements et en cas de perte les risques demeurent à la charge de l'acquéreur devenu propriétaire dès le moment où la chose a dû être livrée même si la tradition n'en a pas encore eu lieu. Cependant dans les ventes de choses de genre (qui peuvent être remplacées) les risques demeurent à la charge du vendeur. De plus les parties peuvent aussi stipuler dans le contrat que le vendeur assumera ces risques.

▶ Rappr. *Res perit debitori*

Resoluto jure dantis resolvitur jus accipientis

[La résolution du droit du cédant entraîne celle du droit du cessionnaire]

Dès lors qu'un acte juridique translatif d'un droit de propriété ou autre droit réel est anéanti (annulation ou résolution) l'effet translatif est annulé à l'égard du cédant et de ses ayants cause. Cependant, ce principe apparemment simple tiré du droit romain (D. 20,1,31) ayant effet rétroactif, l'équité réclame une protection des tiers (ainsi des actes accomplis durant la période intermédiaire) organisée par la législation, telle que la publicité des demandes en justice de résolution ou d'annulation.

Reus in excipiendo fit actor

[En alléguant le défendeur devient demandeur]

Le demandeur doit d'abord prouver le bien-fondé de sa prétention. Mais si le défendeur oppose une exception, il reçoit alors à son tour la charge de la preuve ; selon la formule de cet adage d'origine romaine (D. 44,1,1) il se trouve dans la même position que le demandeur. Le principe est repris par le Code civil (art. 1315). Certains faits cependant réclament la protection du défendeur excipant : ainsi est-il dispensé de la preuve dès lors qu'il bénéficie d'une présomption légale de bonne foi.

Rivière (La) ôte et donne

L'adage repris par Loysel* et inspiré du droit romain, annonce les problèmes juridiques posés par les évolutions des lits des rivières qui ôtent de la terre sur certains fonds et en déposent sur d'autres.

▶ Rappr. *Qui prend l'eau en amont doit la rendre en aval*

S

Sans accusateur pas de juge

Cet adage avait encore cours dans l'ancien droit alors que, en droit pénal, le système accusatoire (accusation privée menée par la victime) s'était effacé depuis des siècles devant le système inquisitoire (accusation publique fondée sur l'enquête et menée par les magistrats). Il en reste actuellement : que la poursuite par le ministère public n'est subordonnée au dépôt d'une plainte par la victime que seulement dans certains cas ; que dans le domaine civil au contraire l'initiative appartient aux parties et que le juge ne peut se saisir d'office que dans quelques cas limités.

Scripta publica probant se ipsa

[Les écrits publics font preuve par eux-mêmes]

Les « écrits publics » sont des actes dressés par des officiers publics (notaires, officiers de l'état civil, greffiers, huissiers) selon des règles précises de compétence et de forme. Ces actes sont authentifiés par la signature de l'officier compétent (on disait autrefois qu'il avait « *la main publique* ») et font foi par eux-mêmes de leur contenu et de leur date ; ils ne peuvent être attaqués que par la rigoureuse procédure d'inscription de faux.

▶ V. *Lex est quod notamus*

Secundum allegata et probata partium judex judicare debet

[Le juge doit juger selon ce qui est allégué et prouvé par les parties]

▶ V. *Judex secundum allegata et probata partium judicare debet*

Semel heres semper heres

[Une fois désigné comme héritier on le reste pour toujours]

Selon l'adage romain (D. 28,5,89) le testament comprenait une institution d'héritier qui devait assurer la continuité de la famille et dès lors était indispensable à la validité de l'acte : de là la vocation de l'héritier était perpétuelle. Dans le droit actuel les héritiers sont désignés par la loi dès le moment du décès. L'acceptation pure et simple ou sous bénéfice d'inventaire est irrévocable. En revanche la renonciation pour laquelle l'héritier peut opter reste révocable.

Servitus in faciendo consistere non potest

[Une servitude ne peut entraîner une obligation de faire]

Adage de droit romain (D. 8,1,15,1) qui met à la charge du propriétaire du fonds servant de supporter les restrictions nécessaires à l'exercice du droit de servitude au profit du propriétaire du fonds dominant mais sans obligation d'exécuter un travail pour cela. Le Code civil (art. 637), reprenant ce principe et pour écarter le retour à des obligations telles que les corvées sous l'Ancien Régime, précise bien que les services sont dus seulement entre les fonds et non entre les personnes.

Sibi vigilavit suum recepit

[Celui qui est vigilant reçoit son dû]

▶ V. *Jura vigilantibus tarde venientibus ossa* ; *Paiement (le) est le prix de la course* ; *Prior tempore potior jure* ; *Quae in fraudem creditorum alienata sunt revocantur*

Simple transport ne saisit point

Le droit romain faisait résulter la cession de créance du simple accord entre le cédant et le cessionnaire. Dans l'ancien droit la coutume ajoutant un élément formel au transfert cela a été repris par le Code civil (art. 1690) : la validité du transfert de créance y réclame soit la signification par huissier au débiteur cédé, soit la reconnaissance du débiteur établie par acte authentique. Mais la vaste circulation actuelle des valeurs mobilières réclame le développement d'une législation protectrice à l'égard des tiers.

Simulata valent dissimulata non valent

[La simulation est valable, la dissimulation ne l'est pas]

Le principe du consensualisme, convention conclue par le simple accord des volontés, laisse entière la question de la validité des accords secrets passés sous forme de contre-lettres à côté de l'acte apparent seul connu des tiers. Le Code civil (art. 1321) n'en admet l'effet qu'entre les parties contractantes. Encore la *simulation* doit-elle demeurer dans les limites de la légalité : la *dissimulation* pour en sortir serait frappée de nullité.

Societas delinquere non potest

[Une société (personne morale) ne peut être délinquante]

Abandonnant l'idée qu'une personne morale en tant que telle, à la différence d'une personne physique, ne saurait commettre un délit, le nouveau Code pénal a posé le principe, à l'exclusion de l'État, de la responsabilité pénale des personnes morales, de droit public comme de droit privé. Cela dans les limites précises des textes prévoyant cette responsabilité pour les seules institutions ayant la personnalité morale et pour les infractions commises en leur nom par les organes ou personnes qui les représentent.

Solus consensus obligat

[Le consentement oblige à lui seul]

Adage tiré du droit canonique exprimant le principe fondamental du consensualisme affirmé dès le XIIIe siècle en matière d'obligations et dont les différents aspects ont été abordés dans d'autres adages auxquels il faut aussi se référer.

▶ V. *Ex nudo pacto non nascitur actio ;
Pacta sunt servanda ;* On lie les bœufs
par les cornes et les hommes par les paroles

Specialia generalibus derogant

[Le régime des choses spéciales déroge au régime général]

Adage tiré du droit canonique selon lequel les lois spéciales ont un caractère dérogatoire aux lois générales ; mais la tradition juridique est, d'une part, de maintenir ces lois dans les limites strictes de leur spécificité et, d'autre part, du point de vue chronologique dans la succession de lois générales et spéciales sur la même matière, de rechercher l'intention du législateur pour décider de l'élément législatif à retenir.

▶ V. *Generalia specialibus non derogant ; Exceptio est strictissimae interpretationis*

Spoliatus ante omnia restituendus

[Il faut avant toutes choses opérer la restitution auprès du spolié]

Le droit canonique, partant du principe que nul ne peut faire justice à lui-même, accordait à toute personne ayant été dépossédée par la force, fut-ce par le vrai propriétaire, de repousser toute procédure au fond jusqu'à restitution du bien.

Le droit civil avait suivi ce principe en accordant une action pour la protection possessoire, la *réintégrande*, reprise et précisée par le Code civil (art. 2282) par faveur pour le possesseur spolié.

Summum jus summa injuria

[Droit porté à l'extrême, suprême injustice]

Cette maxime particulièrement connue à travers une citation de Cicéron est plus généralement emblématique d'une réflexion philosophique sous l'influence de la pensée grecque sur la nature du droit en tant qu'instrument de protection des hommes dans la vie en société et sur les comportements individuels que cette dernière réclame ; la morale chrétienne s'y ajoutera à travers le droit canonique. L'époque contemporaine le traduit encore à partir de la théorie de l'abus des droits. Pour comprendre toute la portée de cette maxime il faut relire les différents adages auxquels cette maxime s'apparente.

▶ V. *Dura lex sed lex* ; *Jure naturae aequum est neminem cum alterius detrimento et injuria fieri locupletiorum* ; *Jus est ars boni et aequi*

Superficies solo cedit

[Ce qui est au desssus du sol s'incorpore au sol]

Le droit romain posait ce principe (D. 41, 1,7,10). À sa suite le Code civil (art. 518) attribue à tout bâtiment qui s'incorpore au sol la qualité d'immeuble par nature. Mais si la même personne n'est pas à la fois propriétaire du fonds et constructeur avec ses propres matériaux, les limites des conséquences de ce principe doivent être déterminées au regard de l'élément qui reste l'essentiel, la propriété du sol.

T

Tantum devolutum quantum appellatum

[Il n'est dévolu qu'autant qu'il est appelé]

D'ancien droit, la plénitude de l'effet dévolutif de l'appel est réaffirmée par le Code de procédure civile (art. 562) : la chose jugée est remise en question en totalité devant la juridiction d'appel qui statue à nouveau en fait et en droit. L'adage vient cependant préciser que dans le cas, en réalité peu fréquent, où l'appel ne porte pas sur la totalité du jugement attaqué la dévolution est limitée aux demandes exprimées dans l'acte d'appel. De portée très générale, l'adage est d'une application particulièrement complexe en matière pénale.

▶ V. *Tantum devolutum quantum judicatum*

Tantum devolutum quantum judicatum

[Il n'est dévolu qu'autant qu'il a été jugé]

L'adage, également d'ancien droit, précise que la plénitude de l'effet dévolutif devant la cour d'appel ne saurait excéder les limites des prétentions exprimées par les parties en première instance. Si par principe les prétentions nouvelles sont irrecevables en appel, cependant des assouplissements sont nécessaires. Plus encore la cour peut procéder par évocation au-delà du point précis sur lequel porte l'appel pour attraire à elle la totalité du litige, cela dans un but de simplification et de rapidité pour l'issue du procès.

▶ V. *Tantum devolutum tantum appellatum*

Tantum praescriptum quantum possessum

[La prescription s'étend aux limites de ce qui est possédé]

L'intérêt de cet adage d'ancien droit se manifeste surtout en matière de servitudes acquises par la prescription trentenaire : il fixe l'acquisition aux limites de la possession continue durant la période de prescription.

Tarde venientibus ossa

[À ceux qui ont agi tardivement il reste les os]

▶ V. *Jura vigilantibus non dormientibus prosunt ; Jura vigilantibus, tarde ossa*

Testis unus testis nullus

[Un seul témoin, pas de témoignage]

Le droit romain selon une tradition remontant à Cicéron attachait une certaine suspicion au témoignage unique, surtout C.J. 4,20,9, tradition reprise par les auteurs savants du Moyen Âge exigeant la réunion de plusieurs témoins pour fonder la preuve. Avec la Révolution et la reconnaissance des preuves morales, l'adage n'a plus cours spécialement en matière criminelle où le juge décide en suivant son intime conviction. Il ne demeure plus de trace de l'adage qu'avec le témoignage instrumentaire de deux témoins pour garantir l'authenticité des actes.

Tous biens sont meubles et immeubles

Cet adage de l'ancien droit coutumier systématisait au XIIIe siècle une répartition des biens déjà esquissée par le droit romain ; en 1804 le Code civil (art. 516) l'a repris tel qu'il était exprimé par Loysel*. Mais cette division en deux catégories de biens, correspondant essentiellement à une vie rurale où les immeubles étaient alors l'essentiel de la richesse, fondée sur le critère physique, était dépassée et insuffisante dès la fin du XIXe siècle avec l'apparition de nouveaux biens, biens incorporels, provoquée par les développements de l'industrie et du commerce : ces derniers ne rentraient plus dans ces catégories tandis qu'ils prenaient la plus grande importance économique. Pour y faire face tout en maintenant le principe de cette division traditionnelle des biens, le droit actuel a eu recours à diverses techniques pour la qualification de ces éléments nouveaux telles que l'ameublissement ou, à l'inverse, l'immobilisation.

Tous délits sont personnels

Par opposition aux vieilles traditions de responsabilité collective, selon cet adage d'ancien droit rapporté par Loysel*, la responsabilité pénale ne peut résulter que d'un fait personnel : principe réaffirmé sous la Révolution, repris en 1810 et dans le nouveau Code pénal. Mais l'évolution sociale et politique depuis deux siècles a poussé législateur et jurisprudence à prendre en compte des comportements s'apparentant à une délinquance de groupe et de plus en plus dangereuse pour la société, d'où la résurgence d'une forme de responsabilité pénale collective.

Tout juge est juge de sa compétence

Cet adage d'ancien droit repris par le Code de procédure civile (art. 92) pose le principe de la détermination par le juge lui-même, appelé à dire le droit, de sa compétence au regard de la nature de l'affaire, ce qui entraîne le cas échéant un examen préalable au fond. Le principe est de portée très générale dans l'ensemble des contentieux en matière pénale, administrative, bien que d'application plus complexe en matière civile.

Tout possesseur de bonne foi fait les fruits siens

Si l'adage rapporté par Loysel* et repris dans le Code civil est fondé sur l'équité à cause de la bonne foi du possesseur encore faut-il que cette dernière soit reconnue, donc en préciser les limites (art. 550) ; de même, en cas de mauvaise foi du possesseur, outre la restitution du bien doivent être fixées les conditions de celle des fruits (art. 549).

Tout prévenu est présumé innocent jusqu'au jugement de sa condamnation

Adage fondé sur la Déclaration des droits de l'Homme et du citoyen (art. 9) : *Tout homme étant présumé innocent jusqu'à ce qu'il ait été déclaré coupable...* En fait ce principe encore rappelé dans la législation royale en 1788 était déjà énoncé dès le XIIIe siècle par les juristes des droits savants, romain et canonique, reprenant la formule du Digeste (D. 48,19,5) : *il vaut mieux laisser un coupable impuni que de condamner un innocent.*

Toutes actions sont de bonne foi

L'expression vient du droit romain dans lequel, sous l'influence de la morale et de l'équité, les actions s'étaient généralisées qui donnaient au juge le pouvoir d'interpréter le rapport de droit selon la bonne foi. Le principe était acquis dans l'ancien droit d'où cet adage exprimé par Loysel*. L'esprit en demeure dans le droit processuel actuel où non seulement les plaideurs doivent se comporter loyalement mais également où la mauvaise foi, en particulier à travers des actes abusifs ou dilatoires, est sanctionnée.

Toutes convenances sont à tenir

▶ V. *Pacta sunt servanda*

Transigere est alienare

[Transiger c'est aliéner]

En droit romain la transaction était un contrat innommé de la catégorie donner pour recevoir (*do ut des*) s'analysant comme un accord où chacun renonce à une partie de ses prétentions, d'où l'adage comparant avec la vente. Mais la transaction exigeant des concessions réciproques est déséquilibrée si l'une des parties est en infériorité, ainsi par la crainte de subir un procès difficile. Dans le droit actuel la transaction est alors traitée comme un acte important, civil ou commercial, exigeant la protection des parties comme de leurs représentants : leur capacité de transiger doit être établie et vérifiée. De même l'accord de l'autorité de tutelle est nécessaire aux communes et établissements publics pour transiger.

▶ Rappr. *Mauvais arrangement mieux vaut que bon procès*

U

Ubi emolumentum ibi onus

[Là où il y a un profit il y a aussi une charge]

Cet adage de droit canonique traduit la généralité d'un fait déjà repéré en droit romain : aux avantages d'une situation correspondent des charges, une contrepartie, que l'équité oblige le bénéficiaire à assumer. L'exemple caractéristique est celui de l'usufruit (C. civ., art. 608) : *le titulaire durant sa jouissance est tenu de toutes les charges annuelles de l'héritage... qui dans l'usage sont censées charges des fruits.* Si dans le droit actuel l'adage garde sa portée générale la vie économique depuis la fin du XIXe siècle a suscité des applications nouvelles et aussi des situations qu'il ne peut couvrir.

Ubi lex non distinguit nec nos distinguere debemus

[Il n'y a pas lieu de distinguer là où la loi ne distingue pas]

Adage énoncé sous cette forme par Portalis* et refusant toute interprétation qui porterait atteinte à la volonté du législateur en réduisant la portée de la loi dès lors que les termes en sont très généraux et ne comportent aucune restriction. L'adage s'ajoute à tous autres adages réclamant une application respectueuse de la loi, de sa lettre et de son esprit.

Une fois n'est pas coutume

Cet adage médiéval repris par Loysel*, de langue courante encore actuellement à propos d'un acte exceptionnel, rappelle que la coutume, source de droit, à l'opposé de la loi tire son autorité et sa force contraignante non d'un acte isolé mais de la reconnaissance d'un long usage par la population, donc de la constance dans la répétition. En cas de contestation le juge qui l'applique en confirme la force juridique par l'autorité de sa sentence.

Dans notre système légaliste, en principe fondé sur la supériorité de la loi depuis le début du XIXᵉ siècle, l'élément coutumier n'en garde pas moins une place certaine reconnue en jurisprudence face aux nécessités de la vie pratique.

▶ V. *Consuetudo legis habit vigorem* ;
Jura novit curia ;
Où la loi fault l'usage prévaut

Universitas vice personae fungitur

[La personne morale agit comme une personne physique]

Cet adage de droit romain inscrit au Digeste (46,1,22) compare personne morale et personne physique quant à la capacité juridique sans que pour autant en soit ressortie dès cette époque une véritable théorie de la personnalité morale ; celle-ci n'apparaîtra vraiment qu'au milieu du XIXᵉ siècle, aboutissant à propos des sociétés anonymes au passage de la conception contractuelle (groupement conventionnel d'associés) à celle d'une institution (organisme auquel adhèrent les actionnaires).

V

Verba volant scripta manent
[Les paroles s'envolent les écrits restent]
▶ V. *Lettres passent témoins*

Vigilantibus jura subveniant
[Le droit vient en aide à ceux qui sont vigilants]
▶ V. *Jura vigilantibus tarde venientibus ossa*

Vilis mobilium possessio
[La possession des meubles est vile]
▶ V. *Res mobilis res vilis*

Vitiantur et vitiant
[Il y a des clauses introduisant un vice qui atteignent l'acte]

Ce principe énoncé en droit romain (C.J. 8,38,4), repris dans le Code civil (art. 1172), concerne les actes à titre onéreux : toute stipulation d'une chose impossible, contraire aux bonnes mœurs ou prohibée par la loi entraîne la nullité de la convention. La jurisprudence actuelle en atténue la rigueur par divers procédés d'analyse écartant la nullité sans tomber dans l'illégalité, ainsi en considérant que la cause de la convention n'en est pas atteinte ou par le jeu de la clause réputée non écrite.

Vitiantur nec vitiant

[Il y a des clauses introduisant un vice qui n'atteignent pas l'acte]

Ce principe énoncé en droit romain (D. 28,7,14), repris par le Code civil (art. 900), concerne les actes à titre gratuit, testaments ou donations : les conditions impossibles, illicites ou immorales, sont réputées non écrites et seule alors demeurant l'intention libérale l'acte n'est pas atteint par la nullité. Cependant la jurisprudence peut être amenée à rechercher et analyser la cause de l'acte en cas de doute quant à la véracité de l'intention libérale. Ainsi la nature de l'acte devenant à titre onéreux il serait traité en conséquence.

Voies de fait sont défendues

Adage énoncé par Loysel* posant un principe protecteur de la personne mais dont la portée dépend de la définition de la voie de fait elle-même. Or elle est très largement comprise dans le droit actuel avec des sanctions très variées suivant qu'elle est traitée en matière pénale (amplitude des actes de violence jusqu'à entraîner la mort), administrative (illégalité dans le processus d'exécution des décisions administratives) ou civile (acte accompli sans droit, violence ou irrégularité sans violence).

▶ Rappr. *Nul n'a le droit de faire justice à soi-même ; Spoliatus ante omnia restituendus*

Index

A

À cheval donné on ne regarde pas les dents, 17
À l'impossible nul n'est tenu, 18
Accessorium cedit principale, 18
Accessorium sequitur principale, 18
Actioni non natae non praescribitur, 19
Actor sequitur forum rei, 19
Actore non probante reus absolvitur, 20
Actori incumbit probatio, 20
Actus interpretandus est potius ut valeat quam ut pereat, 21
Aestimatio venditio est, 22
Affirmer n'est pas prouver, 22
Aliéné n'aliène, 22
Aliments n'arréragent pas, 23
Alteri stipulari nemo potest, 23
Année commencée, année acquise, 23
Annus incoeptus habetur pro completo, 24
Arrêt lu à l'audience appartient au public, 24
Auctor regit actum, 25

Audi alteram partem, 25
Audiatur et altera pars, 25
Autant vaut une simple promesse ou convenance que les stipulations du droit romain, 26
Aux arrêts point d'arrêt, 27
Avocat (L') a la voix, le procureur la plume, 28

B

Bis de eadem re ne sit actio, 29
Bona non intelleguntur nisi deducto aere alieno, 30
Bonne foi (La) est toujours présumée, 30

C

Carcer ad continendos homines non ad puniendos haberi debet, 33
Cessante causa cessat effectus, 34
Cessante ratione legis, cessat ejus dispositio, 34
Civil (Le) tient le criminel en état, 35, 42
Coacta voluntas est volontas, 35
Coacta voluntas tamen voluntas, 35
Cogitationis poenam nemo patitur, 35
Compétent (Le) attire l'incompétent, 36
Confessio dividi non debet, 37
Confirmatio nihil dat novi, 37
Consensus non concubitus facit nuptias, 38
Consuetudo legis habet vigorem, 39
Contra non valentem agere non currit praescriptio, 39
Convenances vainquent loi, 40

Crimen extinguitur mortalitate, 41
Crimen ibi puniendum ubi commissum, 41
Crimen morte finitum est, 41
Criminel (Le) tient le civil en état, 42
Cujus est condere legem ejus est abrogare, 42
Cujus est solum ei est usque ad caelum usque ad inferos, 43
Culpa lata dolo aequiparatur, 44
Culpa lata dolo comparabitur, 44

D

Dans toute enquête, contre-enquête est de droit, 45
Dare in solutum est vendere, 45
De l'homme mort le plaid est mort, 46
De minimis non curat praetor, 47
De non vigilantibus non curat praetor, 47
Debitor rei certae interitu rei liberatur, 47
Delegatus delegare non potest, 48
Dies a quo non computatur in termino, 49
Dies non interpellat pro homine, 49
Dolo non facit qui suo jure utitur, 50
Donner et retenir ne vaut, 50
Dormiens furioso aequiparatur, 50
Doute (Le) profite à l'accusé, 52
Dubia in meliorem partem interpretari debent, 52
Dura lex sed lex, 53

E

Égalité (L') est l'âme des partages, 55
Ei incumbit probatio qui dicit, non qui negat, 55
Ejus est interpretari legem cujus est condere, 56
Electa una via non datur regressus, 57
Emptor debet esse curiosus, 58
En fait de meubles la possession vaut titre, 58
En mariage il trompe qui peut, 59
En ville tout mur est mitoyen s'il n'appert du contraire, 59
Entente (L') est au diseur, 60
Error communis facit jus, 60
Estimation vaut vente, 61
Ex nudo pacto non nascitur actio, 61
Exceptio est strictissimae interpretationis, 62
Expressa nocent non expressa non nocent, 62
Extinctae res vindicari non possunt, 63

F

Factum negantis probatio nulla est, 65
Factum tutoris factum pupilli, 66
Fille fiancée n'est prise ni laissée car tel fiance qui n'épouse point, 66
Fiscus semper solvendo censetur, 67
Foi est due au titre, 67
Force n'est pas droit, 68
Forma dat esse rei, 68
Frangendi fidem non est fides servanda, 69

Fraude ne se présume point, 69
Fraus omnia corrumpit, 70
Fraus significat eventum et consilium, 71
Fructus augent hereditatem, 71
Frustra probatur quod non relevat, 72
Furiosus mortuo aequiparatur, 50, 72

G

Genera non pereunt, 73
Generalia specialibus non derogant, 73

H

Habilis ad nuptias habilis ad pacta nuptialia, 75
Habit (L') ne fait pas le moine, 75
Hereditas personam defuncti sustinet, 76
Hommes et femmes mariés sont tenus pour émancipés, 77
Hypotheca est tota in toto et tota in qualibet parte, 78
Hypothèque ne se divise point, 78

I

Idem est non esse et non probari, 79
Idem est non esse et non significari, 80
Ignorantia legis non excusat, 80
Il faut payer qui veut acheter, 80
Impossibilium nulla obligatio est, 81
In conventionibus contrahentium voluntas potius quam verba spectari placuit, 81

In dubio pro reo, 82
In lege Aquilia et culpa levissima venit, 82
In maleficiis voluntas spectatur non exitus, 83
In obscurcis minimum est sequendum, 84
In pari causa melior est causa possidentis, 85
In pari causa turpidinis cessat repetitio, 85
In poenalibus causis benignius interpretandum est, 86
In poenis benignior est interpretatio facienda, 86
In solemnibus forma dat esse rei, 86
In toto jure genus per speciem derogatur, 87
Incendia plerumque fiunt culpa inhabitantium, 87
Incivile est nisi tota lege perspecta respondere, 87
Infans conceptus pro jam nato habetur quoties de commodis ejus agitur, 88
Institution d'héritier n'a point de lieu, 88
Interest reipublicae ne maleficia maneant impunita, 89
Intérêt (L') est la mesure de l'action, 90
Interlocutoire (L') ne lie pas le juge, 90
Is fecit cui prodest, 90

J

Jamais on n'avance les verges dont on est battu, 93
Judex secundum allegata et probata partium judicare debet, 93
Juge (Le) de l'action est juge de l'exception, 94
Jura novit curia, 95
Jura vigilantibus non dormientibus prosunt, 95
Jura vigilantibus tarde venientibus ossa, 95

Jure naturae aequum est neminem cum alterius detrimento et injuria fieri locupletiorem, 96
Jus est ars boni et aequi, 97
Juris praecepta sunt haec : honeste vivere, neminem laedere, suum cuique tribuere, 98
Justicia est voluntas jus suum cuique tribuere, 98

L

Lata sententia judex desinit esse judex, 101
Légataires universels sont tenus pour héritiers, 102
Lettres passent témoins, 102
Lex est quod notamus, 103
Lex posterior derogat priori, 103
Liber homo non recipit aestimationem, 104
Liberum corpus aestimationem non recipit, 104
Licet alicui adjiciendo sibi creditorem creditoris sui deteriorem facere conditionem, 105
Licitation vaut partage, 105
Locataire (Le) doit être tenu clos et couvert, 106
Locus regit actum, 106
Loi (La) ne dispose que pour l'avenir, 107

M

Major pars trahit ad se minorem, 109
Mala fides superveniens non impedit usucapionem, 110
Mala fides superveniens non nocet, 110
Malitia supplet aetatem, 111
Malitiis non est indulgendum, 111

Mare liberum, 112
Mater semper certa est, 113
Mauvais arrangement mieux vaut que bon procès, 113
Mauvais arrangement mieux vaut que bonne querelle, 113
Mauvais hoir se déshérite, 114
Media tempora non nocent, 114
Melior est causa possidentis quam petentis, 115
Melius est non solvere quam solutum repetere, 116
Meuble (Le) suit le corps et l'immeuble le lieu où il est assis, 116
Meubles n'ont pas de suite, 117
Meubles n'ont pas de suite par hypothèque, 117
Meubles sont le siège des dettes, 117
Mieux vaut gaige en arche que pleige en place, 118
Mobilia non habent sequelam, 118
Mobilia sequuntur personam, 119
Mobilium vilis possessio, 119
Mort (Le) saisit le vif son hoir le plus proche et habile à lui succéder, 119
Morte ma fille, mort mon gendre, 119

N

Ne dote qui ne veut, 121
Ne lites fiant pene immortales, 121
Ne procedat judex ex officio, 122
Nécessité n'a loi, foi ni roi, 123

Index

Neminem cum alterius detrimento fieri locupletiorem, 123
Neminem laedit qui suo jure utitur, 123
Nemini res sua servit, 124
Nemo alteri stipulari potest, 124
Nemo auditur perire volens, 125
Nemo auditur propriam turpitudinem allegans, 126
Nemo causam possessionis sibi mutare potest, 126
Nemo censetur ignorare legem, 127
Nemo contra se edere tenetur, 127
Nemo damnum facit qui suo jure utitur, 127
Nemo in rem suam auctor esse potest, 128
Nemo judex in re sua, 128
Nemo judex sine actu, 129
Nemo potest ex suo delicto consequi emolumentum, 129
Nemo praecise cogi potest ad factum, 129
Nemo praestat casus fortuitos, 130
Nemo punitur pro alieno delicto, 131
N'est héritier qui ne veut, 131
Nocens nisi accusatus fuerit condemnari non potest, 132
Non alienat qui occasionem acquirendi omittit, 133
Non bis in idem [*crimen*], 133
Non fatetur qui errat, 134
Non jus deficit sed probatio, 135
Non omne quod licet honestum est, 135
Noxa caput sequitur, 136
Nuda pactio obligationem non parit, 137
Nudus usus id est sine fructus, 137
Nul en France ne plaide par procureur hormis le roi, 137

Nul n'a le droit de faire justice à soi-même, 138
Nul n'est censé ignorer la loi, 139
Nul n'est contraint d'accepter, 139
Nul n'est tenu de rester dans l'indivision, 140
Nul ne reçoit la chose d'autrui qu'il n'en doive rendre compte, 141
Nulle partie ne peut être jugée sans avoir été entendue ou appelée, 141
Nullum crimen nulla poena sine lege, 141
Nullus idoneus testis in re sua intelligitur, 142
Nullus videtur dolum facere qui suo jure utetur, 142

O

Obligatio contrario consensu dissolvitur, 143
Odiosa sunt restringenda, 144
Omne quod inaedificatur solo cedit, 144
Omnia constituta non praeteritis calumpniam faciunt, 144
On lie les bœufs par les cornes et les hommes par les paroles, 144
On n'a pas plus tôt vendu la chose qu'on n'y a plus rien, 145
Onus probandi incumbit actori, 145
Où la loi fault l'usage prévaut, 145

Index

P

Pacta sunt servanda, 147
Paiement (Le) est le prix de la course, 148
Paria est non esse et non probari, 148
Partus sequitur ventrem, 148
Pas de nullité comminatoire, 149
Pas de nullité sans grief, 150
Pas de nullité sans texte 150
Pas d'intérêt pas d'action 151
Pater is est quem nuptiae demonstrant, 151
Paterna paternis materna maternis, 152
Plume (La) est serve mais la parole est libre, 152
Plurimae leges pessima respublica, 153
Plus cautionis in re est quam in persona, 153
Plus valet quod agitur quam quod simulatur, 154
Poenalia sunt restringenda, 154
Possessio rei mobilis est vilis, 154
Praesumptio sumitur de eo quod plerumque fit, 155
Prior tempore potior jure, 155
Privatorum conventio juri publico non derogat, 156
Privilegia non ex tempore aestimantur sed ex causa, 156
Probatio incumbit ei qui dicit non qui negat, 157
Propriétaire (Le) peut contraindre son hôte de garnir sa maison de meubles, 157
Protestatio non valet contra actum, 158

Q

Quae in fraudem creditorum alienata sunt revocantur, 159

Qui a droit de puisage a droit de passage, 160
Qui a plumé l'oie du roi cent ans après en rend la plume, 160
Qui auctor est se non obligat, 161
Qui cum alio contrahit non debet esse ignarus conditionis ejus, 161
Qui doit garantie ne peut évincer, 162
Qui fait l'enfant doit le nourrir, 162
Qui mandat dicitur ipse vere facere, 163
Qui paie mal paie deux fois, 163
Qui prend l'eau en amont doit la rendre en aval, 164
Qui représente assiste, 164
Qui s'oblige oblige le sien, 165
Qui tardius solvit minus solvit, 166
Qui vend le pot dit le mot, 166
Quod principi placuit legis habet vigorem, 167

R

Ratihabitio mandato aequiparatur, 169
Rebus sic stantibus, 170
Recognitio nil dat novi, 170
Res inter alios acta aliis neque prodesse neque nocere potest, 171
Res judicata pro veritate accipitur, 172
Res mobilis res vilis, 172
Res nullius primo occupanti, 173
Res perit debitori, 174
Res perit domino, 175
Resoluto jure dantis resolvitur jus accipientis, 175

Index

Reus in excipiendo fit actor, 176
Rivière (La) ôte et donne, 177

S

Sans accusateur pas de juge, 179
Scripta publica probant se ipsa, 180
Secundum allegata et probata partium judex judicare debet, 180
Semel heres semper heres, 181
Servitus in faciendo consistere non potest, 181
Sibi vigilavit suum recepit, 182
Simple transport ne saisit point, 182
Simulata valent dissimulata non valent, 183
Societas delinquere non potest, 183
Solus consensus obligat, 184
Specialia generalibus derogant, 185
Spoliatus ante omnia restituendus, 185
Summum jus summa injuria, 186
Superficies solo cedit, 187

T

Tantum devolutum quantum appellatum, 189
Tantum devolutum quantum judicatum, 190
Tantum praescriptum quantum possessum, 190
Tarde venientibus ossa, 191
Testis unus testis nullus, 191
Tous biens sont meubles et immeubles, 192
Tous délits sont personnels, 193

Tout juge est juge de sa compétence, 193
Tout possesseur de bonne foi fait les fruits siens, 194
Tout prévenu est présumé innocent jusqu'au jugement de sa condamnation, 194
Toutes actions sont de bonne foi, 195
Toutes convenances sont à tenir, 195
Transigere est alienare, 195

U

Ubi emolumentum ibi onus, 197
Ubi lex non distinguit nec nos distinguere debemus, 198
Une fois n'est pas coutume, 198
Universitas vice personae fungitur, 199

V

Verba volant scripta manent, 201
Vigilantibus jura subveniant, 201
Vilis mobilium possessio, 201
Vitiantur et vitiant, 201
Vitiantur nec vitiant, 202
Voies de fait sont défendues, 203

Photocomposition *CMB* Graphic
44800 Saint-Herblain

711992 – OSB A 60 g – CMB – HCH
Achevé d'imprimer en mai 2013
Dépôt légal : juin 2013
Imprimé en Italie par L.E.G.O. S.p.A.